TOUT EST LANGAGE

Françoise Dolto est née le 6 novembre 1908, à Paris. Etudes classiques. Thèse de médecine en 1939 sur le thème « Psychanalyse et pédiatrie ». Devient psychanalyste. Membre fondateur de la Société Psychanalytique de Paris (1939), membre fondateur de la Société Française de Psychanalyse, ensuite cofondatrice, avec Jacques Lacan, de la célèbre Ecole Freudienne de Paris.

Spécialiste de psychanalyse des enfants, Françoise Dolto est connue mondialement pour ses travaux : séminaires, essais cliniques, communications. Elle est une figure populaire depuis qu'elle a animé une émission quotidienne sur France-Inter, où elle répondait directement aux lettres de parents lui confiant leurs problèmes éducatifs. La création de la première « Maison Verte » (dans le XVe arrondissement de Paris) fait d'elle un pionnier, car elle inaugure sur le terrain une initiation précoce de l'enfant à la vie sociale.

Elle a notamment publié : *Psychanalyse et Pédiatrie, Le Cas Dominique, Lorsque l'enfant paraît, L'Evangile au risque de la psychanalyse, Sexualité féminine, La Cause des enfants, Tout est langage, La Difficulté de vivre, Solitude.*

Françoise Dolto est décédée le 25 août 1988.

Paru dans Le Livre de Poche :

SEXUALITÉ FÉMININE. (*Libido, érotisme, frigidité.*)
LA CAUSE DES ENFANTS.
LA DIFFICULTÉ DE VIVRE.
SOLITUDE.

FRANÇOISE DOLTO

Tout est langage

VERTIGES DU NORD/CARRERE

AVANT-PROPOS

Ce livre est un « écrit » d'après une conférence faite à Grenoble, le 15 août 1984 à des psychologues, des médecins et des travailleurs sociaux[1].

Je désirais faire saisir à cette partie si importante de la population qui s'occupe d'éducation, d'enseignement, de soins aux enfants et aux jeunes en difficultés physiques, psychiques, affectives, familiales ou en difficultés sociales, l'importance des paroles dites ou non dites sur des événements qui marquent actuellement ou ont marqué la vie d'un enfant, souvent à son insu et parfois à l'insu de son entourage.

Peu d'entre les auditeurs étaient formés à la psychanalyse, comme par exemple madame Combaz qui avait organisé la rencontre. Mais tous voulaient comprendre ce que la psychanalyse pouvait éclairer de leurs questionnements quotidiens au cours de leur travail relationnel auprès

1. « Le dire et le faire, tout est langage; l'importance des paroles dites aux enfants et devant eux », actes de la journée du 13 octobre 1984, Théâtre-Action, Centre de création, de recherche et de culture, Grenoble.

des enfants, dont ils avaient la charge à des titres divers.

Mon propos était d'éveiller ce public d'adultes, vivant au contact d'enfants, au fait que l'être humain est avant tout un être de langage. Ce langage exprime son désir inextinguible de rencontrer un autre, semblable ou différent de lui, et d'établir avec cet autre une communication.

Que ce désir est inconscient encore plus que conscient, c'est ce que je voulais faire saisir. Que le langage parlé est un cas particulier de ce désir et que, bien souvent, ce langage parlé fausse la vérité du message, à dessein ou non. Que les effets de ce jeu de masques de la vérité sont toujours dynamiques – je veux dire vitalisants ou dévitalisants –, pour la personne en cours de développement, l'enfant concerné.

Voilà ce que je voulais éclairer par l'expérience de nombreuses années de pratique psychanalytique avec des enfants, des adolescents, des parents, des adultes tutélaires, douloureusement éprouvés les uns et les autres par des incompréhensions mutuelles, parfois précocissimes, et alors plus traumatisantes pour l'avenir.

Je livre ici la transcription retravaillée de trois ou quatre heures d'échange. Les auditeurs posaient de nombreuses questions touchant leur pratique éducatrice ou sociale quotidienne. J'ai tenté d'éclairer les problèmes qui étaient posés du point de vue de la dynamique du sujet lui-même, l'enfant, à travers le problème existentiel d'objet qui paraît toujours dominer dans le souci des éducateurs et des parents.

Il me paraît qu'un travail comme celui-ci

éclaire mieux que les écrits théoriques beaucoup de personnes engagées dans le travail social avec des jeunes en situations difficiles.

J'espère faire comprendre ainsi le rôle du parler vrai, le vrai tel que ces adultes le communiquent à des enfants qui, non seulement le désirent inconsciemment, mais ont besoin de la vérité et y ont droit, même si leur désir conscient lorsqu'ils s'expriment en paroles, à l'invitation des adultes, préfère le silence trompeur qui génère l'angoisse, à la vérité, souvent douloureuse à entendre mais qui, si elle est parlée et dite de part et d'autre, permet au sujet de s'enconstruire et de s'enhumaniser.

Décembre 1986

MME COMBAZ : Madame Dolto, j'ai le plaisir et un grand merci à vous dire d'être là, et je suis très heureuse que nous soyons si nombreux à être intéressés par le propos de cette journée organisée par le Théâtre-Action, Centre de Création, de Recherche et des Cultures. Elle s'inscrit tout naturellement comme une étape dans le processus de travail que nous avions mis en route depuis 1972, dans le cadre « Recherche et Enfance ».

Je passe la parole tout de suite à Françoise Dolto, qui vous parlera pendant une heure, puis, après une pause, nous proposons que les personnes qui sont ici vont prendre la parole, et qu'un rythme plus naturel se mette en place.

Françoise Dolto. – Je vous remercie d'être venus si nombreux, et tant de jeunes. Cela me fait toujours plaisir quand je vois des jeunes s'intéresser à la recherche, à la génération montante, aux enfants et, puisque c'est cela notre propos aujourd'hui, je suis extrêmement contente de voir des gens qui ne sont pas encore parents, puisque je crois que c'est avant d'être parents qu'il faut réfléchir au problème de sa propre enfance périmée, pour être prêt à accueillir les autres, non pas comme des répliques de soi-même, mais comme un renouvellement dans un autre monde, pour une toute autre vie, qui est celle de nos enfants.

Les enfants qui naissent aujourd'hui auront à assumer... nous ne savons pas du tout quoi... c'est la chose très importante de notre époque : l'éducation est obligée de penser, d'armer les enfants pour une vie dont nous ne savons pas ce qu'elle sera, et qui est en train de changer constamment, mais ceci déjà depuis le début du siècle. (Je parle comme une personne qui est très âgée, parce que c'est vrai, j'en ai l'expérience.)

J'ai eu déjà très précocement l'expérience de la guerre de 1914, et la modification totale de la vie des familles à tous les niveaux sociaux du fait de cette guerre pendant laquelle, et pendant les quelques années qui ont suivi – c'était véritablement révolutionnaire – il y a eu dans beaucoup de familles un très grand traumatisme. Cela m'a énormément marquée, et dans le sens positif. C'était des faits langagiers pour moi qui faisaient réfléchir; c'était des faits, que j'observais et qui me questionnaient.

Et puis ensuite, il y a eu cette seconde guerre, celle que beaucoup d'entre vous n'ont pas connue, mais que les adultes qui sont ici ont connue, avec cet extraordinaire désarroi pour la France (je ne parle que de la France, je n'en connais pas les effets sur les autres pays), cet extraordinaire désarroi pour les parents de ces enfants, le fait de deux vérités étatiques, et que les familles étaient divisées, et se l'avouaient ou non, mais se méfiaient les unes des autres; et puis, énormément de souffrance du fait de la séparation d'hommes et de femmes sains, séparés par les événements de guerre, les prisons, les camps de la mort.

En France on ne risquait pas tellement la mort, mais cela a été la mort des relations, et même d'un bout de la France à l'autre, du fait déjà qu'on ne pouvait communiquer que par des cartes laconiques d'une trentaine de mots.

Et puis, cette brisure des liens familiaux, des liens conjugaux, des liens paternels et filiaux du fait de la séparation, cela a été extraordinaire. Pour vous dire par exemple le fait, l'agir qui est langage, le fait pour les enfants que la mère apprenne que le père était prisonnier – on n'avait pas de nouvelles pendant un certain temps : papa était à la guerre, et tout à coup on apprenait qu'il avait été fait prisonnier –, eh bien, dans les hôpitaux de Paris, du jour au lendemain, dans la semaine de l'arrivée des nouvelles de tous ces prisonniers, les consultations d'enfants, dites neuropsychiatriques, ont reçu comme ça brusquement des quantités de garçons de cinq à dix, onze ans qui se sont remis à faire pipi au lit. Voilà, l'effet psychosomatique d'être honteux d'un papa qui aurait dû se faire tuer. Tout simplement, les enfants voyaient maman heureuse que papa soit prisonnier : la honte pour l'enfant. Prisonnier, c'était mal, c'est qu'il avait fait une saloperie. Il ne pouvait pas du tout comprendre le prisonnier « de guerre » différent du délinquant.

Cela, c'était tout le travail de la psychothérapie

avec ces enfants pour que leur héros, leur papa à la guerre, les photos qu'ils avaient pu recevoir, le papa en uniforme, tout cela soit devenu, dans leurs articulés mentaux, quelqu'un qui avait abandonné son foyer – Maman était contente qu'il ne soit pas là, alors que ce n'était pas vrai mais, à côté du fait de penser qu'il était mort, elle était contente, elle disait : « ah, vous savez, il est prisonnier », toute contente. Alors, pour l'enfant, sa mère était folle, elle aimait qu'on soit prisonnier…! Prisonnier devenait une valeur séductrice.

Alors, la petite délinquance a commencé, très forte aussi, mais là, ce n'est pas nous qui les voyions, tout au moins secondairement; nous, c'était la délinquance par rapport à soi-même, c'est-à-dire la non maîtrise de soi, qui est la perte du niveau de maîtrise du corps qui traduit un niveau d'affectivité. Le niveau d'affectivité d'arriver à la continence sphinctérienne, ou de la perdre, c'est un langage de non maîtrise de soi chez l'enfant.

Puisque je suis en train de parler de cela : tous les mammifères sont continents, tous, tous, tous. L'incontinence d'urine et l'incontinence des matières n'existent pas chez les mammifères, sauf par blessures neurologiques, il n'y a que les êtres humains qui par langage, et par sens sacré de leurs relations à leurs parents font « pipi au lit, caca culotte ». Cela n'a rien à voir avec le mammifère humain, qui serait propre comme disent les mères, qui serait continent si jamais on ne s'en était occupé, dans le sens de donner valeur à être rythmé à la façon qui complaît à la mère, d'être rythmé, de lui donner son pipi ou son caca quand elle le demande. Les vaches et les taureaux ne demandent pas à leurs veaux et à leurs génisses de faire pipi-caca quand elles le leur demandent.

Pour faire plaisir à leur mère, les enfants en sont capables avant terme, c'est-à-dire avant maturité totale de leur système nerveux, hélas.

Vous savez, ou vous ne savez pas, en tout cas, je peux vous dire qu'un enfant qui est propre très très tôt peut devenir schizophrène. J'en ai connu un qui n'a jamais, après la maternité, sali ses couches, jamais. Il est devenu schizophrène : un enfant qui était né pour être un être remarquable! Ce sont les êtres les plus fins, les plus humanisables qui remplissent nos IMP d'enfants, dits arriérés, ou dits psychotiques. Ce sont des enfants précocissimes, par rapport à d'autres, sur le plan de l'affectivité et de la sensibilité à la relation et qui – à cause d'un décodage de langage entre eux et les parents, qui ne comprennent pas du tout que cet enfant est intelligent, ou à cause de paroles qu'ils ont entendues trop tôt, et qui dévalorisent leurs relations filiales, ou leur sexe par exemple : désespoir qu'ils soient du sexe qu'ils montrent en naissant – sont bouleversés de ne pas satisfaire leur dieu et leur déesse de leur vie fœtale : les parents qui parlent à l'extérieur, les voix qu'ils entendent dès l'âge de quatre mois, c'est vraiment ce qui les attire à naître pour être en relations avec eux.

Cela, c'est une découverte tout à fait récente pour beaucoup de gens. Pour moi il y a très longtemps; je suis très précurseur dans ce domaine, et je suis très heureuse de voir que maintenant cela se généralise, alors que, lorsque j'étais dans les hôpitaux, ou même après, les gens disaient : « elle est un peu comme ça! » (l'index sur la tempe trace un quart de tour).

N'empêche qu'ils assistaient au fait que des enfants déjà atteints, simplement dans le milieu hospitalier, reprenaient vie et communication, alors qu'ils étaient déjà engagés dans une fermeture d'eux-mêmes, parce que c'était des enfants très précoces et qu'ils avaient besoin d'entendre qu'ils étaient reconnus comme intelligents, bien qu'ils soient encore incapables de parler : qu'ils étaient reconnus comme à l'écoute, et donc qu'il fallait leur parler de ce qu'ils souffraient exactement. Et alors, ils reprenaient vie de cette relation de sujet à sujet qu'on pouvait avoir avec eux.

Ce langage de se refuser à être conforme au rythme demandé par les parents, ou par la mère, ce peut être un langage salvateur du sujet, mais sans les expériences qui édifient un futur MOI articulé au sujet.

Il est évident que tous ces enfants, qui ont rempli les consultations du jour au lendemain, à la surprise de la mère qui ne comprenait absolument pas ce qui arrivait à ces enfants, et au médecin généraliste qui les envoyait en neuropsychiatrie, alors que c'était un travail de médecin généraliste de parler à l'enfant – mais à ce moment les généralistes et les pédiatres ne savaient pas ces effets de la psychologie, de la structure éthique en marche chez un enfant, ces brisures, ces traumatismes qui faisaient qu'ils étaient, pour survivre, obligés de retourner dans leur histoire à l'époque où le père n'avait pas son prestige, pour pouvoir rester sain. Il fallait n'être pas un garçon engagé dans la vie génitale. Donc, on faisait comme si c'était encore du pipi, du caca, qui se passait du côté du bassin, un fonctionnement perturbé. Oui mais par souffrance de fils, impossible à dire autrement.

Il faut ajouter aussi le fait que les mères étant, au bout de quelques jours, « rassurées » sur la vie de leur homme, se mettaient, surtout quand elles recevaient une lettre disant qu'il ne s'ennuyait pas – je parle surtout des stalags, dans les oflags, cela a été plus long, mais dans les stalags, les hommes étaient employés tout de suite dans les fermes à travailler, et finalement ils écrivaient des lettres où les femmes voyaient très bien qu'ils étaient en bonne santé, physique et morale, et elles se doutaient bien qu'ils devaient avoir des relations avec les femmes, ce qui était vrai – elles se mettaient à gamberger à propos de leur jalousie sur les Allemandes.

Evidemment, les enfants entendaient qu'on parlait à la voisine de ce qu'il devait faire, qu'il avait l'air si content là-bas, que l'Allemagne était un pays formidable. Beaucoup de gens recevaient des lettres de ces jeunes disant : « j'apprends ici la manière de cultiver ci, de cultiver ça ». Dans les campagnes, c'était cela : les hommes ouvraient leurs yeux et leurs oreilles à la politique nazie qui, au début surtout, leur en flanquait plein la vue : tous ces gens bien organisés…! Après, quand cela s'est délabré, cela a été tout différent, mais je parle des débuts.

Pour comprendre ce désarroi, qui jouait sur le somatique des enfants, il faut comprendre que tout ce qui est acte, ou dire d'acte concernant la personne structurante de l'enfant, c'est-à-dire son père et sa mère, c'est la personne structurante bicéphale du début, qui ensuite devient, l'humain en tant qu'homme, en tant que femme, les deux premières images. Eh bien, tout ce qui touche à l'agir de ces personnes, et à leur dire, et à leur comportement, structure l'enfant. Ce n'est pas négatif, ni positif, c'est effectif, c'est dynamique, vitalisant ou dévitalisant.

Positif ou négatif, cela va découler de la façon dont nous apprécions la réaction de l'enfant.

Si justement on félicitait l'enfant de refaire pipi au lit, alors que sa mère lui faisait des tas de reproches, c'était terminé en trois ou quatre jours. Il fallait le féliciter de ce qu'il réagissait à une nouvelle bouleversante pour lui, et lui faire faire le chemin de comprendre ce que voulait dire de valeureux d'être prisonnier en temps de guerre, et pas du tout de dévalorisant, ni de salaud qui tombe sous la loi, parce qu'il a fait un acte délinquant. C'était difficile, surtout quand on ne croyait pas tout à fait à cette « glorification » des prisonniers en tant que tels.

Vous savez, quand on est psychanalyste, on ne croit pas tout à fait que c'est valeureux d'aller tuer le voisin parce qu'il est sous un autre uniforme; enfin, on est bien obligé de le dire aux enfants : « il a obéi à sa patrie, et puis il a été pris parce que les Allemands étaient plus forts, ce n'est pas sa faute à lui, il est très courageux! » Enfin, tout ce qu'on peut raconter à un enfant pour justifier que son père ne s'est pas battu à mort. Il aurait été très fier de recevoir une médaille, si son père était mort au champ d'honneur, car c'est quand même arrivé que des petits camarades aient eu leur père tué. Alors, qu'est-ce qu'ils se vantaient, ceux-là! « Ton père, il s'est fait faire prisonnier; le mien, il s'est fait tuer, hein! » Des choses comme ça.

Alors, celui dont le père s'était fait tuer était quelqu'un de formidable, et l'autre, c'était un minable. Alors, un minable, cela se comporte comme un minable, cela devient un punk pour lui-même, cela se mouille, cela s'oublie, cela « cacate », parce que c'est ça.

Le phénomène punk, c'est cela aussi, c'est se faire remarquer parce que c'est sacré de se faire remarquer, étant donné que si on était seulement le fils ou la fille des parents qu'on a, on aurait honte de soi. Donc, on appuie sur la chanterelle du bizarre qu'on regarde en disant : « les pauvres gosses », parce qu'ils sont en train de défendre ce qu'il y a en eux de sacré, qui est le sujet, qui dit : « bon, c'est comme ça, regardez-moi, voilà ce que je suis, une caricature, mais je vous emmerde, et puis je deviendrai quelqu'un de formidable ». Ils l'espèrent, heureusement, parce qu'ils ne pourraient pas vivre sans cette espérance. Eh bien, le punk, au niveau de quatre ans, c'est pipi-caca. Voilà.

Ce petit chapeau pour vous faire comprendre que, par des événements comme cela, qui ont été connus par tout le monde – nous ne parlons que des enfants, mais c'était la même chose –, en même temps que nous avions ces consultations d'enfants, qui tout à coup montaient comme cela en nombre, les consultations gynécologiques de femmes étaient, du jour au lendemain, pleines de femmes qui n'avaient plus leurs règles. (Pas du jour au lendemain, il fallait qu'elles attendent deux, trois mois.) Et comme elles savaient qu'elles n'avaient pas de rapports sexuels, elles savaient bien qu'elles n'étaient pas enceintes, alors elles venaient, inquiètes de leur santé, parce qu'elles n'avaient plus leurs règles. Mais, depuis quand? Depuis qu'elles savaient que leur mari était prisonnier. Alors, on mettait les voies génitales en pénitence. La femme faisait une régression à sa prépuberté; elle n'était pas réglée, et comme cela elle ne risquait pas de tromper son mari.

C'est tout ce travail, tout à fait inconscient, qui se faisait en elle : « si je n'ai pas de mari, je n'ai pas le droit d'avoir mes règles », parce que, lorsqu'on a des règles, on est réglé et que, si on est réglé, on est enceintable. Et la peur, chevillée au corps de beaucoup de femmes de leur désir qui pourrait les faire tomber dans une tentation, faisait qu'il y avait un freinage de la vie générale. Et alors, comme souvent dans ces cas-là, quand il y a régression par négation de la souffrance affective, il y avait aussi modification de l'humeur, et ces femmes, qui étaient des femmes jusque-là cyclées, et avec une humeur régulière dans leur vie émotionnelle, avec les voisins, avec les enfants, il y en avait beaucoup qui devenaient très très nerveuses. On disait que c'était parce qu'elles n'étaient pas réglées. Non, il se trouvait que c'était un des phénomènes de ne plus avoir leurs règles, et que l'autre phénomène était d'être frustrées du fait de ne pas avoir d'homme, et en même temps tentées d'avoir des relations, d'autant qu'il y avait tant d'hommes sans femmes qui arpentaient le trottoir et les marchés, et les magasins, et qui avaient de l'argent plein les poches, alors que ces femmes étaient en difficulté. Je parle des Allemands.

Madame Marguerite Duras a très bien parlé, si vous l'avez entendue à la télévision avec Bernard Pivot, de ces femmes qui collaboraient avec des Allemands à cette époque-là, et nous avons, nous les médecins d'enfants de l'époque, vu tous ces troubles de développement affectif des enfants pris dans ces conflits qu'ils sentaient devoir taire.

Qu'est-ce qui était valeureux? Etait-ce mieux que maman aille bien, qu'il y ait un homme à la maison, qui grondait, qui permettait aux enfants de devenir de bons citoyens français? Et c'était l'Allemand qui venait déjeuner ou dîner à la maison, et qui avait un grand respect pour le prisonnier au loin d'ailleurs (tout cela était fort compliqué pour les enfants), dont il prenait la place au lit momentanément, tout en sachant probablement que pendant ce temps-là le prisonnier là-bas prenait sa place dans le lit de sa bobonne en Allemagne. Mais, pour les enfants qui étaient au courant, à sept, huit, neuf, dix, onze ans, et qui entendaient tout cela, et qui profitaient des avantages matériels, nourriture, fournitures diverses, grâce à l'occupant au foyer, c'était tellement brouillant pour leurs idées, et pour leur éthique, que, s'il n'y avait personne pour leur faire comprendre ce qui était le problème des adultes en activité génitale, en activité affective et émotionnelle, d'homme et femme entre eux, ce n'était pas possible. C'étaient des enfants qui seraient devenus délinquants, et c'est d'ailleurs pour cela qu'on les amenait chez nous.

Au début, c'était des pipis au lit; ensuite, c'était des délinquants, ou des inadaptés scolaires, alors que la nullité scolaire, c'est l'interdiction de se servir de ses pulsions sublimées orales et anales, comme nous disons dans notre jargon, c'est-à-dire prendre et donner : prendre des éléments, rendre des éléments. C'est digestif, c'est une sublimation d'un métabolisme digestif qui se fait d'une façon symbolique dans le mental qui, en ordre chez l'enfant, se traduit par « réussir à l'école ».

L'école primaire, c'est digestif. Hélas, cela pourrait déjà, à partir de l'âge de sept, huit ans, être génital, c'est-à-dire rencontre de deux esprits portant un fruit. Ce qui n'est pas du tout la même chose que d'avaler et de rendre un devoir, vomi ou déféqué, et bien souligné en rouge, en vert, en tout ce qu'il faut pour que le professeur soit content, comme on fait un beau caca pour la maman quand on est petit.

Mais, il n'en reste presque rien, simplement qu'il y a du savoir, mais il n'y a pas de la connaissance. La connaissance, c'est d'ordre génital, et le savoir, c'est d'ordre oral, anal.

Eh bien, nous avions des enfants qui étant faits, du fait de leur structure au départ, pour atteindre à la connaissance, du fait qu'ils ne pouvaient pas comprendre qulque chose à la « connaissance » (jeu de mot horrible) pour l'être étroitement aimé (fem. ou masc.) de leur mère, qui était le monsieur allemand, ou le monsieur de l'autre étage, qui occupait un peu la vacuité affective et génitale de la mère. Ne pouvant pas comprendre cela, ils ne pouvaient pas atteindre au niveau de la connaissance pour le reste.

Alors, ils restaient au niveau digestif. Ce qui fait une chute à partir de la sixième. La sixième-cinquième, c'est une chute totale si on ne peut pas arriver au niveau du plaisir de la connaissance, et qu'il faut rester au niveau de avaler et rendre un devoir pour quelqu'un qui l'attend, mais pas pour le plaisir de connaître et de faire ce qu'on peut quant à ses leçons et devoirs. Mais ce n'est pas cela qui est important, c'est la connaissance que l'on prend d'une discipline qui intéresse, et qu'un maître ou une maîtresse rend accessible.

Tout ceci peut-être vous paraît subtil, mais c'est cela, le travail : quand des êtres humains sont en déperdition, et qu'on les envoie à des psychanalystes, c'est comme cela qu'on étudie la chose, jamais en voulant corriger un symptôme. Si on veut corriger un pipi au lit, ou une encoprésie (c'est le mot savant pour incontinence anale), on rate tout; on a un effet à dix-huit, vingt ans, vingt-un ans, un langage contradicteur ou interdicteur des rythmes normaux de la vie génitale.

C'est pour cela qu'il était important, qu'en même temps que ces troubles qui arrivaient massivement dans notre Europe, il y ait eu la psychanalyse, et vous avez vu toutes ces consultations de psychothérapie, avec un espoir que cela pourrait être psychanalytique. Beaucoup de gens étaient formés à la psychanalyse pour faire ces traitements. Ils étaient éclairés de la dynamique de l'affectivité, de la dynamique de la vie symbolique chez les enfants. C'était extraordinaire qu'en même temps qu'il y a eu ce dérangement éthique de toute une Europe, il y ait eu ce remède à côté, qui était de comprendre ce que cela voulait dire.

Ceci nous amenait à comprendre de plus en plus tôt l'effet de la communication interpsychique qui se fait, qu'on le sache ou non, entre un bébé, déjà dans la vie fœtale, mais surtout à partir du moment où il est né, et son entourage, c'est-à-dire ses géniteurs et leur fratrie.

Cette compréhension, c'est de cela maintenant qu'il est question, surtout aujourd'hui dans ce que je vais vous dire. C'est le rôle du dire, mais beaucoup plus encore que du dire, de l'agir. *Pour un enfant tout est signifiant langage*, ce qui se passe autour de lui et qu'il observe. Et il réfléchit dessus. Et un enfant réfléchit et écoute d'autant mieux qu'il ne regarde pas la personne qui parle.

Là aussi, c'est très important : quand un instituteur, ou une institutrice, veut que les enfants les regardent, ils perdent 50 % de l'attention des enfants. Pour nous, adultes, c'est le contraire : nous aimons regarder la personne qui parle. L'enfant, s'il a ses mains occupées à autre chose, qu'il feuillette un livre, une revue, ou des bandes dessinées, ou qu'il joue à quelque chose, c'est à ce moment-là qu'il écoute, mais fantastiquement, tout ce qui se passe autour de lui, il écoute « en vérité », et mémorise.

J'ai pu aider pas mal d'instituteurs que j'ai pu connaître. Ils m'ont dit : « C'est fou, pourquoi est-ce qu'on ne nous apprend pas cela ? » Il ne faut pas que les enfants regardent le maître, et surtout il faut pour bien écouter qu'ils bruitent tout le temps. Les enfants qui ne bruitent pas, qui ne jouent pas à quelque chose, n'écoutent pas. S'ils jouent trop, il vont gêner les voisins, qui eux-mêmes ne sont pas occupés à quelque chose, ou à bruiter.

S'il y en a ici qui s'occupent de sourds-muets, ils savent à quel point une classe de sourds fait du bruit. J'ai appris beaucoup de choses parce que nos fenêtres donnent sur l'école des sourds et muets de la région parisienne; j'ai vu la récréation aussi. C'est quelque chose d'observer tout cela! Ils sont dans le langage fantastiquement, d'autant plus qu'ils n'ont pas la parole, ou tout autant, mais à leur façon. L'été, les fenêtres sont ouvertes, et comme cela crie là-dedans! La maîtresse, qui n'est pas entendue, hurle, la pauvre femme : « Qu'est-ce que j'ai fait au ciel pour avoir des enfants pareils! » On n'entend que cela.

Eux, s'en foutent, ils font un bruit glottique qu'ils n'entendent pas, ils font un bruit d'enfer avec leurs pieds. Plus ils font attention, plus ils font de bruit. Nous, les entendants, nous n'aimons pas travailler dans le bruit au bout d'un certain temps. C'est entre huit et neuf ans que les enfants changent et maintenant encore vous voyez les enfants qui font leurs problèmes avec des écouteurs sur les oreilles. Les parents ne comprennent pas. « Voyons, n'écoute pas ce bastringue, tu ne peux pas faire tes devoirs. » Au contraire, ils font d'autant mieux leurs devoirs qu'ils ont le bastringue dans les oreilles. Cela dépend desquels. Mais ceux qui le font savent pourquoi ils le font. Ils le font parce qu'ils sont concentrés du fait que, le monde étant occupé, ils sont en sécurité. Si au contraire le monde autour d'eux les alerte plutôt dans la rue, plutôt dans la chambre d'à côté, que s'y passe-t-il : la petite sœur qui est en train de s'amuser, avec laquelle on aimerait bien aller parce qu'elle parle avec maman, etc., ils sont distraits par des choses personnalisées, alors qu'avec le bastringue qui est impersonnel ils sont tout à fait concentrés sur ce qu'ils font.

' Tout dans l'être humain fonctionne constamment dans la fonction symbolique, et d'une façon tellement extraordinaire, que c'est cela qui fait chez les humains les schizophrènes et les psychotiques.

Vous allez comprendre pourquoi.

Un enfant, qui est trop tout seul, qui est un de ces êtres précoces, qui a besoin de communication très tôt, eh bien, sa fonction symbolique marche à vide; on pourrait dire comme une métaphore de la fonction digestive; il a besoin d'avoir des éléments pour ses perceptions, mais des éléments qui font sens pour un autre qui entend les mêmes éléments perceptifs, par exemple un enfant qu'on laisse dans son berceau. Il est très bien sur le balcon, dans le jardin, dans le champ, etc. C'est très bien, pourquoi pas? Mais il faut qu'il ait en compensation beaucoup de moments de complicité amusés, ou au contraire de bagarres, pourquoi pas, avec sa mère à l'occasion de leur vie de communication. Sinon, que se passe-t-il? « C'est un enfant très sage, il ne nous dérange pas. » Et puis, on le laisse un an comme cela dans son berceau, je l'ai vu faire. Il ne réclame même pas son biberon. Quand on le lui donne, il le prend. Ce sont des sacs à tous grains, ils prennent tout, cela leur est bien égal. Ils vivent dans une vie tellement imaginaire qu'ils n'ont plus rien à voir avec les humains, leur langage échappe aux paroles humaines.

Mais, par exemple, s'il y a un oiseau qui passe, et qui fait un piaillement particulier en même temps que le voile de leur berceau se balance, et qu'ils ont dans leur corps à ce moment-là une colique, un borborygme, la rencontre de ces trois perceptions, cela veut dire que l'oiseau et le rideau ensemble, c'est la parole de leur ventre. Alors, la douleur qu'ils ont au ventre, une petite colique qui passe, c'est le signifiant de la rencontre du cri de l'oiseau avec le voile remué par le vent... et des quantités de rencontres synchroniques externes et internes prennent valeur de signes langagiers qui pour eux ont seuls sens de parole.

Tous ces enfants, qui ont ces compulsions que vous connaissez, qui font des choses qui n'ont pas de sens, par exemple, ce que fait une mère qui à la machine du matin au soir fait des gilets à la machine à coudre : elle a un pied qui fait comme cela, la roue de la machine qui fait comme cela, et des gilets qui s'accumulent devant sa machine par terre. Le samedi, on va livrer les gilets à la manufacture qui fait travailler la mère, et le seul homme que l'enfant voit avec la mère (c'est un garçon), c'est ce monsieur qui paie sa mère. Grâce à quoi, quand on revient, ce vendredi ou ce samedi, où elle livre son travail, maman lui achète un petit joujou; on revient à la maison, et ce jour-là on a un petit dessert amélioré.

Je vous en parle parce que c'est un de ceux qui exceptionnellement – et il en fait comprendre beaucoup d'autres par la psychanalyse – a pu guérir. Il a pu faire comprendre ce qu'il faisait, cette grande intelligence qu'il avait à faire les mêmes gestes toute la journée. Qu'est-ce que c'était? J'ai fait venir la mère; nous avons parlé ensemble.

Cet enfant était d'une intelligence supérieure

avant d'aller à l'école, à dix-huit mois déjà. Il a marché très tôt. La mère n'avait pas de mari, je ne me rappelle plus pourquoi; elle n'attendait pas un retour. C'était peut-être une mère célibataire, ou le père avait été tué à la guerre, j'ai oublié. Elle vivait avec ce petit, qui était tout à fait adapté, qui était comme elle, qui faisait les choses comme elle et l'aidait dans la maison.

Elle faisait des gilets. Elle était aux pièces, plus elle faisait de gilets, plus il y avait d'argent pour la maison. Cet enfant, avant d'aller à l'école – elle l'a mis à l'école entre trois et quatre ans parce que des voisins lui ont dit, quand elle le promenait le samedi : « vous savez, il faudrait qu'il aille à l'école, il est trop tout seul avec vous, il est timide » – donc, avant d'aller à l'école, il allumait le gaz, mettait le couvert, mettait la casserole de soupe sur le feu, allait chercher le pain; il faisait tout ce qu'aurait fait une personne qui aurait secondé la mère. Et puis, quand il avait fini ces petites tâches domestiques, il venait dans son petit fauteuil contempler sa mère travailler, et les gilets s'accumulaient en bas de la machine à coudre à pied qui était la sienne. De temps en temps, elle le regardait, et on se faisait des petits sourires. Et, comme un chat, il allait l'embrasser, et il retournait s'asseoir.

Voilà la vie de ces deux êtres jusqu'au moment où elle l'a mis à l'école.

A l'école, il a été complètement phobique. Il se mettait dans les jupes de sa mère, il pleurait et ne voulait pas y aller. La maîtresse a été compréhensive, gentille, et c'est dans les jupes de la maîtresse qu'il allait. Il avait transféré la jupe de la maîtresse comme jupe de maman sur une idée, c'est tout. Et puis, aux récréations, il ne prenait pas contact, il avait peur des autres qui le bousculaient. Ils ont raison d'ailleurs : cela ne vit pas, ils vont le secouer pour que cela vive. D'ailleurs, nous faisons la même chose avec une montre qui est cassée : on la secoue, ce qui ne l'arrange pas du tout. Avec l'enfant, on fait la même chose : il pleure, on le secoue. Les enfants sont comme nous : ils voient un enfant qui ne bouge pas, ils vont cogner dessus pour voir s'il ne va pas réagir.

Malheureusement, il était de plus en plus timide, David dans la fosse aux lions, mais qui ne savait pas leur parler. Il était devenu de plus en plus subissant; puisque maman voulait, il allait à l'école; il s'éteignait complètement, et il est devenu, a-t-on dit, absent. Il n'écoutait plus, il était devenu arriéré, il fallait le garder à la maison.

Alors, c'est le retour à la maison quelques mois. Puis, on l'a mis dans un internat dit spécialisé pour inadaptés. Résultat, quand j'ai vu cet enfant, qui avait sept ans, il était tout à fait psychotique, et complètement fermé, l'air absorbé et triste; il n'était même plus tendre avec sa mère, il était dans un autre monde : l'astronaute sorti au bout de son fil, qui aurait tourné comme cela jusqu'à mourir d'épuisement dans sa folie.

C'est de faire raconter par la mère comme cela se passait, et à chaque fois de lui parler, alors qu'il n'écoutait rien, soi-disant, et d'avoir compris que la machine à coudre c'était le père, que nous avons compris qu'il jouait au père, en faisant comme ça : le pied de la mère, et comme ça : la roue. C'était le bruit qu'il imitait, qui était le bruit de la machine à coudre à sa façon. Grâce à quoi il était tout le temps avec sa mère, sous forme de petit garçon allant-devenant le maître de la mère, la machine à coudre, et en même temps rapportant de l'argent à sa mère. Ce mime compulsif, va-et-vient (haut et bas) de la main gauche c'était le pied de la mère, le tournis de la main droite la roue de la machine et le bruitement, le climat sonore de sa méditation d'amour, d'avant l'école. C'était son identification à l'objet machine à coudre, qui était pour lui le soutien de sa fonction symbolique de virilisation.

C'était tout à fait dans le schéma du développement de la structure d'un garçon qui a à devenir chef de lui, puis chef d'un autre et, pour commencer, chef de la mère, s'il n'y a pas de rival, et qu'un autre ne prend pas la place de chef en disant : « quand tu deviendras comme moi, tu pourras être un adulte mais, en attendant, tu apprends de moi comment tu dois te conduire pour devenir celui qui retient à lui sa femme ».

Or, il avait appris de la machine à coudre comment il fallait se conduire, et il se conduisait de façon à être complètement aberrant, et donc psychotique à vie pour la société. Mais cela a pu se reconstruire complètement pas à pas. Cela a été une explosion de joie chez cet enfant quand il a retrouvé grâce à la reviviscence en séance de sa petite enfance sa maman de quand il était petit, et naturellement, à ce moment-là, il est redevenu pipi-caca! Il a perdu les acquisitions qu'il avait acquises très jeune. Comme disait la mère : « Il ne m'a pas donné beaucoup de travail, il était déjà tout à fait propre à 18 mois. Il n'y avait plus d'accident. »

Alors, il a retrouvé sa nature vraie, celle qu'il avait avant. Cela n'a pas été très long, et il a fallu lui faire comprendre qu'il avait réparé celui qui était parti dans une voie d'identification erronée. Il y avait erreur sur la personne : la machine à coudre n'était pas l'interlocuteur valable, modèle à devenir, pour être en sécurité avec sa mère, et pour échapper à cette société tellement dangereuse de petits nains, car cet enfant certainement croyait être un adulte, en petit par sa forme dans l'espace.

Voilà aussi une chose très importante à savoir, c'est que l'enfant ne sait pas qu'il est un enfant, il est un reflet de la personne avec laquelle il est un interlocuteur. Il s'imagine dans une activité qui le valorise tout le temps, et qui soutient son allant-devenant grand.

Voici un exemple, pour que vous compreniez, il faut quelquefois des exemples. Quand je vous aurai donné celui-là vous en trouverez d'autres dans votre vie d'observations.

Un enfant, à ce moment-là de pas encore trois ans, voit un film de famille, dans lequel il joue au ballon avec son grand-père; son petit frère, château branlant, qui ne marche pas encore, est debout, mais contre les genoux de la mère, et il y a la famille autour. C'est un petit film. En famille, on regarde le film, et le grand dit : « Oh! regarde, moi qui arrose le jardin, et (le nom du petit frère) qui joue au ballon avec grand-père. »

A ce moment-là, les parents de lui dire, l'un ou l'autre : « Mais non, tu te trompes, c'est toi qui joues au ballon avec grand-père cet été, et c'est l'oncle untel qui arrose le jardin avec le grand tuyau. » Vous voyez comme, pour un garçon de bientôt trois ans, c'est valeureux, un grand tuyau comme cela pour arroser le jardin !

Le père lui dit : « on va repasser le film pour que tu voies bien », mais, avant même qu'on ait pu rebobiner et repasser le film, ce grand est parti, a claqué la porte, puis a claqué la porte de sa chambre, s'est enfermé dedans. Pendant trois heures de suite, il est resté enfermé; il n'a pas dit un mot, rien. Puis, le soir est arrivé le dîner; tout s'est bien passé, on n'en a plus parlé. Chaque fois qu'on regardait le film familial, il s'éloignait, cela ne l'intéressait pas.

Quand, à six ans, un jour, après les vacances, on regarde le film, il vient aux premières loges pour regarder, et à ce moment il dit : « tu te rappelles, maman, quand j'étais petit, je ne voulais pas croire que j'étais moi ». C'est beau comme exemple, et c'est toujours comme cela : l'enfant ne se sait pas lui.

C'est pour cela que, dans la glace, quand il va voir un bébé, il est ravi : « enfin, un bébé comme si on était au jardin public » dans ce monde où il n'y a des adultes. Il va vers la glace, et naturellement il se casse le nez, il y a du froid, et il se met à être fasciné par cette expérience qui lui amène que c'est bien lui, surtout si la mère arrive, qui donne à voir cette image qui ressemble à celle des enfants dans un jardin public. D'ailleurs, si cet enfant se nomme déjà Toto (ou son vrai prénom), il ne dit jamais de celui qui est dans la glace ce mot-là, il dit : « bébé ». Il va vers bébé, il ne va pas vers son image. Et c'est nous qui enseignons à l'enfant – (encore heureux quand on ne dit pas « c'est toi »);

« c'est l'image de toi », oui – que c'est l'image qu'il donne à voir et à côté c'est l'image de moi. Et l'enfant se met à comprendre ce que veut dire l'image dans un miroir, pas du tout celle qu'il avait élaborée de lui-même relativement aux autres.

Ils sont tellement stressés, tellement choqués, tellement surpris, que cela les oblige à se regarder. Et vous savez ce qui se passe ? Pour lutter contre l'angoisse, l'inquiétude étrange, les enfants ne peuvent que faire des grimaces. Ils font des grimaces à la glace, et cela les amuse beaucoup de découvrir, à l'occasion de toutes ces grimaces, qui sont probablement à l'origine du théâtre, que, grâce à cela, on donne en langage quelque chose d'évocateur qui pourrait se dire en mots.

C'est d'ailleurs ce que vulgairement l'on appelle le « sourire à 4,95 ». Je ne sais pas si c'est ainsi à Grenoble, mais à Paris on voit ces petites affichettes aux portes des boucheries ou des épiceries : « c'est l'accueil qui fait tout ». On voit une dame souriante qui accueille le client qui va venir avec sourire, sourire rapace, avide de lui sortir le plus d'argent possible de son escarcelle.

Ce langage du visage dans la glace et du comportement dans la glace qui fait effet au voyeur de lui-même, de son image, c'est pour l'enfant, un moment fantastiquement important dans notre civilisation. Dans d'autres aussi, on le sait par l'histoire de Narcisse qui, un peu écœuré de la nymphe Echo, qui répète toujours ce qu'il dit, alors qu'il voudrait du nouveau, se met à admirer sa propre image, et qui se noie dans l'amour de lui-même, dans l'amour de son image qui dans l'eau le fascine.

Heureusement, le miroir ne fait pas des Narcisse automutilants, ou totalement mutilants de leur propre vie, mais comme dans l'histoire de Narcisse, il le ferait si personne ne répondait, si on ne faisait que faire écho à ce qu'ils disent, au lieu de leur donner une rencontre phychique valable pour leur psychisme, une rencontre de quelqu'un d'autre qui respecte leur être, et qui montre un désir différent, qu'il signifie à l'enfant.

C'est, cela, l'important dans le langage que nous avons avec le bébé, le plus jeune soit-il, et aussi bien avec un grand enfant : l'important, c'est de lui parler vrai ce que nous ressentons, quel que soit ce vrai; le vrai, pas de l'imaginaire.

Quand une sage-femme, à la naissance d'un enfant, parce qu'elle est épuisée, qu'elle a fait vingt accouchements dans la journée, qu'elle en a marre, qu'elle traîne ses savates, et que le pauvre bébé pleure un peu plus qu'un autre – il sent peut-être l'angoisse – dit à la mère : « oh, celle-là, elle vous en fera voir! Ah, cette citoyenne-là, eh bien, mon vieux, etc. », cela marque la mère, et cela marque l'enfant malheureusement. Mais il y a des cas où l'enfant seul est marqué, parce qu'on n'a plus la mère pour le savoir, et c'est l'enfant qui est marqué de paroles entendues. C'est comme si c'était prédicatif, et plus que cela, inducteur de son comportement.

Pour être reconnu par une personne valable, car une sage-femme est une personne valable : elle vous a mis au monde; elle vous a fait passer le premier grand danger de la vie qui est de risquer de mourir, le risque de mourir au moment de la naissance, qui se conclut par la découverte d'un tout autre mode de vie aérien. C'est évidemment quelqu'un de très important. Donc, ce que cette personne a dit est aussi très important et, puisqu'elle a eu un comportement de véridique salvation, ses paroles font partie de la vie sauve. C'est comme cela qu'il faut comprendre pourquoi c'est dynamisant, d'une façon positive mais négative comme effet de sens, c'est-à-dire que « cette enfant, elle vous en fera voir; elle sera insupportable, vous n'arriverez pas à l'élever », c'est cela que la mère a entendu. Eh bien, l'enfant devient cela pour être vivant, parce que cette parole a accompagné le fait d'être vivant, et sorti d'un danger, et que la sachante (la sage-femme ou l'accoucheur, le premier tiers présent tel un oracle) dit la vérité.

Il faut faire le travail avec la mère : pourquoi est-ce que la parole de cette femme lui a semblé véridique? Il faut remonter à ce qui est de l'ordre du transfert de la mère sur cette femme-là, parce qu'elle était très fatiguée quand elle est arrivée, et pourtant que la sage-femme a été gentille avec elle? Il y a eu transfert positif ou ambivalent, mais positif, de cette femme qui a été, il faut le dire, « délivrée » par cette sage-femme, sorcière de malheur dans ses paroles, et qui avait fait son boulot épuisée, mais qui l'avait fait, et qui avait besoin de se venger un peu de ce que vraiment elle était ce jour-là exténuée. Elle s'est vengée tout simplement en disant : « Ah bien, vous allez voir, elle vous en fera voir, celle-là! » C'est tout, alors que peut-être, si elle n'avait pas été fatiguée, elle aurait pris l'enfant, elle l'aurait donnée à maman;

tout se serait calmé. Qui sait ? Il faut remonter aux faits, quand on a mis dans l'humour avec la mère et l'enfant cette relation de départ, on a déjà fait beaucoup pour que l'enfant ne soit pas obligé de prendre comme « père » la voix de la sage-femme, parce que le premier autre avec maman, c'est le père, quoi qu'on en dise (le 3e de la scène procréative).

Cette femme a pris la suite du géniteur, mais c'est un géniteur symbolique pour l'enfant, symbolique de la vie de relation, de la première relation triangulaire. Le schéma freudien est fantastiquement soutenant pour notre travail avec les enfants quand nous comprenons qu'ils transfèrent l'autre de leur mère sur la première voix aérienne qu'ils entendent, et que cette voix a une valeur marquante, prophétique, dans le sens inducteur du comportement de l'enfant, en tant que pseudo-voix de père tout sachant.

Cela a toujours été dit dans les contes : les sorcières et les bonnes fées disent des choses sur l'enfant; mais cela existe de nos jours, et nous le voyons chez les êtres particulièrement sensibles, qui sont devenus des marginaux, qui font problème, et qui vont voir, à cause de cela, des psychanalystes ou des psychothérapeutes, pour essayer de les rendre, ces enfants, supportables par la société.

Mais il faut remonter à ce qu'il y a de sacré pour eux à n'être pas supportables, et le sacré, c'est d'avoir un père et de faire sa volonté. Ce « père » a été la sage-femme de malheur du début, son dire doit se manifester par le faire de son enfant qui ainsi soutient sa réalité existentielle sourcée dans cette première triangulation de langage à sa naissance.

Voilà comment nous pouvons comprendre que tout est langage, et le langage, en paroles, est ce qu'il y a de plus germinant, de plus inséminant, dans le cœur et dans la symbolique de l'être humain qui naît. Pour se développer dans un corps, homme ou femme, il ne peut le faire que s'il est en relation avec une voix d'homme et de femme, avec une autre voix, associée à celle de sa mère; l'autre ne veut pas dire toujours masculin, cela veut dire un impact important entre lui, sa mère et une troisième personne.

Par exemple, une mère vit dans le deuil d'un mort, par exemple son père qui est mort pendant la grossesse de cet enfant. Eh bien, il y a toujours chez cet enfant une marque de ce que l'être rival de lui, est un être dans un monde qui n'est pas le nôtre, et cela peut aller jusque dans le fait de ne pas assumer la réalité de son corps, de ne pas vivre, tout en vivant à demi « absent », un être en identification au numéro un des pensées de maman aux derniers mois de sa grossesse.

Cela aussi, ce sont des choses que nous découvrons dans l'anamnèse avec les parents.

Ou, par exemple, c'est un enfant mort avant la naissance. La mère attend un enfant de remplacement de ce mort dans le deuil, qui n'était pas terminé, et qui faisait qu'elle ne donnait pas à ce mort, la liberté d'être mort. Elle espérait de façon vague, mais pour elle importante, qu'il renaîtrait, avec le même sexe, dans cet autre qu'elle attendait.

Cet enfant est marqué d'une façon extrêmement

profonde, et beaucoup d'enfants que nous appelons psychotiques sont marqués d'événements émotionnels semblables, et qui se dénouent quand on a compris d'où c'est venu. Quelquefois, c'est eux-mêmes qui le disent, ou qui le miment en séance sans en être conscients.

Je me rappelle un garçon, dont on n'a pu faire la psychanalyse qu'à quatorze ans. Il était dans un hôpital de jour depuis deux ans. C'était un garçon intelligent : une caricature vivante. Il se promenait avec un gros sac; il faisait les poubelles, et dans ce sac il y avait des talons de chèques. Partout, il ramassait des papiers et, s'il le pouvait, des talons de reçus, des talons de chèques. Il connaissait très bien les poubelles des magasins, des grossistes où l'on jette des archives; avec ce sac de grosse toile il se promenait, allait à son hôpital de jour et dans le métro. Il ne pouvait pas vivre sans ce fardeau d'archives de dettes, de vieilles souches de paiements périmés.

On le tolérait. Il faisait quelques acquisitions scolaires, il n'était pas bête. Il était « zinzin », bref psychotique. On ne voulait pas d'un garçon comme cela dans un lycée, d'autant qu'il avait toujours un sourire hilare en même temps qu'il tenait des propos de faillite. Il arrivait hilare, et il disait : « oui, aujourd'hui, la grande firme untel est en faillite ». Voyez : le « zinzin », comme il y en a tant dans les hôpitaux de jour. Chacun est zinzin à sa façon. C'est un extraordinaire monde d'humains, qui aux prises avec leurs fonctions symboliques diverses, ne se rencontrent pas, et qui font une espèce de patchwork extraordinaire, fascinant pour les gens qui ne les connaissent pas, et surtout qui respectent l'humain; fascinant parce que chacun est un monde à lui-même, mais c'est terrible parce que ce sont des gens qui ne vont pas être libres, et ne vont pas savoir défendre leur propre autonomie.

Donc, nous nous sentons tous responsables vis à vis de ces originaux si nous n'arrivons pas à les aider à garder ce qu'ils veulent de leur « zinzinnerie », mais aussi à savoir se défendre, et qu'ils ne soient pas la risée de tous, qu'ils puissent finalement gagner leur vie, rester libres.

Heureusement, ce garçon s'est mis à avoir des troubles de caractère gênants. Jusque-là, il ne gênait personne, hormis sa famille.

Voilà qu'il s'est mis à provoquer verbalement les femmes pour leur parler de leurs « nichons ». A chaque femme qui passait, il disait : « Comment ils sont, tes nichons à toi? » « Ah, qu'est-ce que j'aimerais les voir, tes nichons! » Il avait quatorze ans, sa voix muait, dans la rue, on se disait : « Qu'est-ce que ce type-là? » Cela devenait très gênant, avec son sac sur le dos, son air hilare.

Et puis, de temps en temps, il commençait à vouloir toucher les femmes, il voulait palper leur décolleté. Alors on a pensé à une psychothérapie psychanalytique.

On me l'a confié, à l'hôpital de jour, dans le cadre d'une cure ambulatoire, un peu séparée de l'hôpital de jour. Je vois arriver cette caricature, et je lui dis : « Il doit y avoir une histoire là-dessous. » Il me dit immédiatement : « Ha! quelle histoire! Mais la première personne qui s'en aperçoit, c'est vous! »

Il me dit : « Vous avez aussi des nichons,

vous ? ». Je dis : « Oui, mais tout le monde en a et, comme je suis la première personne qui s'aperçoit qu'il y a une histoire là-dessous, on pourrait peut-être parler de l'histoire plutôt que de mes nichons.

– Oui, mais alors, et la faillite ?

– Tout le monde fait plus ou moins faillite tout le temps. Parlons d'autre chose aujourd'hui. »

Immédiatement, il me dit : « Vous savez, un dessin, ça en dit plus que tout.

– Eh bien, oui, pourquoi pas ? »

Et, dans le plus grand silence, il se met à dessiner. Ce dessin est dans les dossiers là-bas, mais je peux vous le raconter parce que personne ne se doutait de ce que ce dessin a révélé.

Il montrait une femme enceinte, avec un énorme ventre ; elle marchait, dans une rue. Une espèce de pieuvre derrière la femme en l'air, avec des tentacules qui allaient sur le ventre de la femme enceinte. C'était un dessin genre des images de bandes dessinées, un peu vulgaire comme esthétique, mais très très bien dessiné, comme les enfants qui écrivent « arbre », « maison », à côté de ce qu'ils représentent, il avait écrit des noms et des dates. « Une telle » (la femme enceinte), prénom que je sus, plus tard être celui de sa mère : « vingt-cinq ans » ; « une telle aurait telle (la pieuvre) date de naissance, cela lui ferait dix-huit ans – lui-même avait à ce moment-là quinze ans – la maison « qui avait fait faillite », le nom du P-DG. Tout était habité « parlant ».

Alors, je lui dis : « Qu'est-ce que c'est que tout cela ? » et, comme toujours dans ma façon de travailler : « Et vous, où seriez-vous, vous ?

– Eh bien, c'est visible, on ne voit que moi !

– Ah bon ! » Et il me montre le ventre de « la » mère. Et il me dit : « le sein ». Ce n'est pas les nichons, le sein. Mais, elle a des nichons aussi « la » mère (et il avait mis un soutien-gorge aux nichons de sa mère). La mère était vêtue, et il me dit : « C'est là que je suis » en montrant le ventre de la femme.

« Mais qui est-ce, celle-là qui a les tentacules et qui a l'air d'une pieuvre dans le dos de la femme et qui va s'attaquer à son ventre ?

– C'est celle qui ne voulait pas que je naisse.

– Qui est-ce ?

– Eh bien, elle s'appelle : (un prénom) ; vous ne la connaissez pas ?

– Non.

– Elle a fait faillite, alors je suis né. Il y avait le prénom féminin et la date de naissance (5 ou 6 ans avant la sienne). »

Je me dis : qu'est-ce que c'est que cette histoire ? Il est délirant ! J'ai dit : « Vous permettez que je voie vos parents, parce que je ne comprends rien à votre histoire qui semble être la vôtre... mais, puisque nous essayons de travailler pour que vous soyez moins ridicule, et qu'on vous laisse continuer vos études ici, alors que si vous continuez votre système dans la rue, les agents vont vous arrêter parce que les femmes de la rue ne demandent pas qu'on les déshabille pour voir si leurs nichons sont bien à leur place. Si vous voulez, je vais voir vos parents. » – « D'accord ! »

J'ai appris, ce que la mère n'avait jamais raconté à l'hôpital de jour, qu'en effet cette femme avait perdu son premier enfant, qui portait le prénom dévolu à la pieuvre du dessin, vers dix-huit mois, d'une maladie infantile, pendant qu'elle commençait une deuxième grossesse. Elle était enceinte d'un mois ou deux quand sa petite aînée est morte, et elle n'en a absolument pas fait le deuil, elle ne s'en est pas rendu compte du tout. Elle m'a dit : « J'étais tellement consolée d'attendre un autre enfant, et puis, pensez donc, c'était une petite fille, on aurait dit la réplique de la première. J'étais tout à fait consolée. Il n'y a que mon mari qui continuait. Je lui disais : « Mais, écoute, nous sommes tellement consolés par la naissance de la seconde. » « Mon mari, c'est curieux, il continue de regretter l'aînée. Moi, c'est différent. Comment mon fils sait-il son nom! je ne comprends pas. Je ne lui en ai jamais parlé. « Sur sa tombe au cimetière? » Ah! peut-être.

Dans le dossier, elle avait dit qu'elle avait deux enfants : l'aînée, une telle; et lui. Elle n'avait pas du tout parlé d'enfant mort. C'est quand elle a attendu celui-ci, dit-elle : « Cela a été une surprise extraordinaire pour moi. Dès que je me suis sue enceinte je n'étais que dans le deuil de l'aînée, je ne pensais qu'à cette aînée qu'auparavant j'avais comme oubliée. A ce moment-là, j'en ai parlé avec mon mari qui m'a dit : « Ecoute, moi je suis en train de commencer à guérir, c'est peut-être pour cela – quelquefois cela arrive dans les ménages – c'est toi qui as maintenant du chagrin. Mais, tu sais, même moi j'en guéris. Une telle (la seconde) n'a pas du tout remplacé l'aînée; pour moi, cette fillette existe encore, mais je ne souffre plus autant. Tu guériras aussi. »

Je crois que le père, lui, était un peu consolé par

cette troisième grossesse, surtout quand il a vu que c'était un fils. Il était très heureux, comme beaucoup de pères qui ont eu déjà deux filles, d'avoir un fils.

Le petit a donc été porté par sa mère dans le deuil de cette aînée inconnue et pas nommée en famille, qu'il montrait comme une pieuvre noire, qui attaquait le fort, mais elle avait fait faillite puisqu'il était né tout de même. C'était cela, son histoire, racontée par le dessin.

Voilà un enfant qui traînait cela depuis sa naissance. Malgré des études primaires satisfaisantes il avait été renvoyé de l'école pour sa marginalité, ses bizarreries. Puis, avec la puberté, il était dans le problème de « sein », (sein intérieur, seins extérieurs), et il était là dans ce problème avec sa mère qui ne pensait qu'à son aînée morte en le portant. Il fallait être mort et peut-être fille pour être aimé. Alors, comment être vivant et mort en même temps ? D'où ces vieux bordereaux de dettes qu'il traînait avec lui, et en même temps les P-DG qui faisaient faillite. Et la faillite, c'était le fait comme il le racontait, que cette morte avait fait faillite, qu'il avait résisté aux forces de mort. En fait, il vivait son œdipe. Il rivalisait avec l'autre de la mère important quand elle le portait. La fillette dont alors seulement elle faisait le deuil.

Le « père » n'est pas toujours ni le géniteur ni le monsieur compagnon de la mère, c'est la personne qui occupe les pensées de la mère gestante qui a rôle symbolique du 3e c'est-à-dire de père dans la mère dyade de la mère et son enfant.

Ce 3e soutient son désir à se développer d'une façon qui est complètement faussée par rapport à l'évolution habituelle d'un enfant qui deviendra un individu responsable.

C'est là le travail que nous avons, nous les psychanalystes, c'est à décoder un langage qui a perturbé l'ordonnance du développement langage-corps de l'enfant avant la parole.

Il faut s'y prendre très tôt, avec des bébés, précocement perturbés. Il faut dire au bébé le drame dans lequel il a été porté. Et à partir du moment où l'on dit à un enfant, avec des mots, ce qui a perturbé la relation, entre sa mère et lui, ou entre lui et lui-même, alors nous prévenons une aggravation de son état de mal vivant et parfois nous évitons l'entrée dans cet état.

C'est comme si on effaçait le maléfice, l'antivie, qui est relié, et qui empêche les pulsions de vie d'être plus fortes que les pulsions de mort chez l'individu. Comme une pièce de monnaie est pile et face, nous sommes tout le temps habités par un désir de retourner au sujet sans corps d'avant naître, qui n'est pas le mort, qui est l'invariance supposée de l'avant vie.

Nous sommes dans le variant avec un corps, puisqu'il grandit jusqu'à mourir. Tous les jours, il y a une modification, et en même temps les fonctions sont répétitives. Donc, ce qui est toujours pareil, ce sont les besoins et c'est du mortifère pour l'esprit qui désire. Nous sommes tout le temps pris entre des pulsions de non vie, des pulsions de répétition qui sont ensemble – ce que nous appelons en psychanalyse des pulsions de mort – pulsions de mort de l'individu, et pulsions de mort du sujet du désir, qui voudrait n'être pas né parce que ce serait plus facile, et puis, de l'autre côté, les pulsions de vie, qui sont de conservation de l'individu, et qui sont des pulsions de désir.

Le besoin est répétitif, le désir est toujours du nouveau, et c'est pour cela que, dans l'éducation, nous devons veiller à ne pas satisfaire tous les désirs, ni même le maximum des désirs. Mais toujours en paroles justifier le sujet de dire ces désirs et ne pas l'en dissuader ni critiquer. Les besoins, oui, les désirs, les parler beaucoup. C'est par la parole, la représentation, dessin, mime, modelage, c'est ça qui fait la culture, la littérature, la sculpture, la musique, la peinture, le dessin, la danse, tout cela, c'est la représentation de désirs, mais c'est le non vécu dans le corps à corps avec l'autre. C'est la représentation pour communiquer avec un autre ses désirs, et c'est là où l'éducation doit tout le temps veiller à soutenir le désir vers du nouveau toujours, et au contraire ne pas satisfaire les désirs qui, aussitôt satisfaits, rentrent parmi les besoins qu'il va falloir répéter; avoir une sensation plus forte puisque le besoin, c'est une habitude, et l'habitude, ça n'intéresse pas. Ce qui est une habitude, c'est du mortifère.

Voilà ce que je voulais vous faire comprendre : c'est que l'être humain est obligé d'avancer. S'il n'avance pas, il stagne et, s'il stagne longtemps, il recule. Il recule dans son histoire. Il régresse à des modalités libidinales passées. Lorsque ce passé a été traumatisant, comme une grossesse mal vécue, il est dangereux d'y régresser. Pour ne pas y régresser, il n'y a qu'une façon, c'est de dire, d'exprimer de façon représentative cette régression menaçante donc de parler. A partir du moment où cela a été parlé, on n'y régressera plus jamais. D'où l'efficacité du travail analytique, quand le « matériel archaïque » peut être remémoré dans la cure, vécu dans le transfert, et là analysé.

C'est cela d'ailleurs qui fait la thérapeutique de certaines psychothérapies focalisées sur le passé à revivre, ou en psychanalyse, ce qui n'est pas tout à fait pareil.

Quand les gens viennent en psychothérapie parce qu'ils souffrent, consciemment ils savent de quoi. Ils parlent autour de cette souffrance. Mais cette habitude qu'ils ont de souffrir, ils y tiennent, il ne veulent pas la quitter, ils ne le savent pas. Ils voudraient la quitter mais en même temps ils ne voudraient pas, parce que c'est comme ça; vivre, c'est souffrir. Mais trop c'est trop.

Ils viennent parce que pour eux cette souffrance est en train de les inhiber et de les empêcher de se développer. Malheureusement, ils y tiennent, et tout le travail est de mettre en paroles tout ce à quoi ils tiennent, pour que cela soit périmé et qu'ils n'en aient plus besoin, et que le désir se renouvelle vers toute autre direction jouissive que la souffrance.

C'est cela, une psychothérapie.

La psychanalyse est plus complexe, puisqu'on ne vise pas une guérison, on ne vise pas à quelque chose de connu. Dans la psychanalyse, on remonte l'histoire de son corps-cœur ou esprit langage. Par exemple, l'enfant psychotique de la machine à coudre, ce n'est pas une psychothérapie du tout, c'est une psychanalyse. Avec l'aide de la mère, l'histoire de cet enfant a pu être réactualisée à partir de quand il est parti sur une voie latérale.

Comme il n'y avait pas de père, et que seule la machine à coudre remplissait le rôle du 3e et de producteur d'argent pour besoins et désirs, elle était substitut du père, l'autre de la mère. Ce ne pouvait pas être le monsieur qui trahissait sa mère tous les samedis en lui supprimant de l'argent sous prétexte qu'un gilet n'avait pas une bonne boutonnière, un gilet ceci, un gilet cela. Elle était torturée par ce monsieur, parce qu'elle pensait avoir telle somme, et puis il lui faisait des histoires : « C'est à prendre ou à laisser; vous prenez ça, ou je ne prends pas votre livraison », etc. Si bien qu'il sentait cette tension qu'il y avait avec cet homme. Ce n'était pas à lui qu'il voulait s'identifier, il s'identifiait avec qui la mère aimait, avec qui faisait gagner la vie à la mère, qui les faisait vivre tous les deux, c'était la machine à coudre : l'amie (chose malheureusement), mais qui pour un enfant paraissait vivante puisque cela bougeait tout le temps; cela apportait la vie chez eux, ce bruitement accordé à sa maman.

C'est en remontant cette histoire, et en comprenant ce qu'il y avait de sain pour l'enfant, qui avait toujours été sain, mais qui s'était trompé de moi idéal, en prenant le moi idéal machine pour ce à quoi un garçon de valeur devait s'identifier, pour un jour avoir une femme de valeur comme était sa mère.

C'est cela, une psychanalyse, alors qu'une psychothérapie, cela aurait été de le distraire de cela en lui faisant faire autre chose; cela aurait été l'occuper, mais quand c'est très profond, très précoce, pendant la grossesse ou les premières années de la vie, il faut une psychanalyse.

Quand, au contraire, un être humain était parfaitement sain, tout à fait sociable, élastique dans le sens d'être gai, triste quand il y a de quoi, gai quand il joue, des camarades, une vie comme ça, et puis que c'est un événement dramatique qui a traumatisé, mais on sait à partir de quelle époque, et que tout ce qui est avant est resté construit, il n'y a pas besoin de psychanalyse, c'est en effet une psychothérapie puisque, jusqu'à la mort du père, ou la mort de la mère, qui s'est passée quand l'enfant avait neuf ou dix ans, par exemple, l'enfant allait fort bien.

Donc, il y a autour de cet événement quelque chose à psychothérapiser, mais tout le reste qui est avant, étant sain, il construit sur du sain, il n'y a pas besoin de remonter jusqu'à la petite enfance de cet individu.

On pourrait le faire. Tout le monde pourrait faire une psychanalyse, mais c'est un tel sacrifice de temps, d'argent et de mise entre parenthèses de beaucoup d'énergie. Une analyse demande beaucoup d'énergie, sans même qu'on s'en doute. Cela accapare beaucoup d'énergie; c'est inutile. Et puis, on n'est pas assez nombreux pour psychanalyser tout le monde. Et puis, à quoi cela sert-il? Non, mais on peut dire que pour la plupart des enfants qui ont des difficultés avant six ans, c'est une psychanalyse qu'il faut et non une psychothérapie, c'est-à-dire que c'est une remontée dans l'histoire, si on peut, jusqu'au désir d'entrer dans la chair, en venant se mêler de l'étreinte de ses parents pour prendre corps, et il y a des gens qui remontent jusqu'à ce moment-là. Ils ont été souvent des enfants facilement dépressifs.

C'est, soit au moment de la naissance, ou à un incident qui s'est passé à trois mois de la vie fœtale, ou même au moment de la conception, (par exemple ils ont été ignorés comme étant conçus pendant les deux ou trois premiers mois de la vie fœtale); ils ont comme un désir de retourner à l'ignorance d'être, pour eux-mêmes, à ignorer être; ils ont des moments d'absence.

Ils retrouvent parfois au cours de leur psychanalyse des témoins de leur enfance. Quelquefois des gens qui ont été témoins, qui disent : « Mais oui, ta mère croyait qu'elle avait un fibrome, elle est allée chez le médecin, mais elle était enceinte! Tu penses, elle avait déjà de grands enfants, il y avait longtemps; c'était trop tard pour avorter. » Voilà.

Alors, l'enfant, qui avait bien vécu, tranquillement, personne ne se doutait qu'il était là et qu'il écoutait.

Eh bien, quand ils ont des difficultés, ces gens-là ont tendance à retourner à la privative de toute relation, même avec eux-mêmes, pour que personne ne s'occupe d'eux... Ils paraissent complètement abouliques à ces moments-là, puisqu'il faut qu'ils s'éclipsent, disparus pour leurs amis qui respectent ces replis qui ne sont pas des refus.

Ces gens-là ont quelque chose qui date de l'époque la plus précoce de leur vie, et cela relève d'une analyse, cela ne relève pas d'une psychothérapie.

Un être humain est marqué par les communications vraies qu'il a eues avec le conscient et l'inconscient des gens qui l'entouraient, au premier chef la mère, le père, et les premières personnes qui jouaient le rôle d'autre de la mère.

Je vais m'arrêter là. Si cela vous a paru difficile

de me suivre on va mettre cela au clair, par des exemples, en répondant à des questions personnelles que vous pourriez poser, ou des cas qui vous font problème, chacun dans votre travail. On pourra peut-être les éclairer et comprendre comment le langage porte son fruit dans un être au niveau de développement qui est le sien, et dès qu'il peut entendre. Fruit : dynamique soutien et de stimulation des pulsions de vie ou dynamique dépressivante selon ce qu'il entend, comprend.

Parmi ceux qui m'écoutent on me questionne.

Une personne m'écrit : « Si la danse et la musique sont des expressions de désir, et qu'il ne faut pas satisfaire le désir, alors, il n'est pas bon de faire faire de la danse à des petits enfants. »

C'est juste le contraire de ce que j'ai dit. J'ai dit qu'on ne peut jamais satisfaire un désir sans qu'il se renforce ou cesse parce qu'il n'était pas authentique. Le désir n'a pas de satiété s'il est véridique.

Pour la danse, c'est l'enfant qui, lui, se satisfait si la danse l'intéresse. Mais, si la mère satisfait son désir de danser à travers son enfant, alors, oui, en effet, l'enfant est abusivement exploité par la mère. Mais si vous avez donné à cet enfant l'opportunité de connaître ce moyen de s'exprimer, qui est la danse, c'est lui, et qu'il persévère dans son amour de la danse, ce n'est pas vous qui le satisfaites, c'est lui qui cherche à satisfaire ce désir auprès de personnes dont c'est le métier de guider quelqu'un à s'exprimer par la danse.

La danse est un langage, et ce langage, ce n'est pas seulement une satisfaction de corps ou de corps à corps. C'est un art qui transcende le corps.

Je vous parlais de satisfactions du corps pour soi, et cette satisfaction du corps pour soi, si elle est apportée directement sans passer par un long chemin de travail, entre rapidement en effet dans le répétitif du besoin.

On me demande de « préciser par un exemple : satisfaire chez l'enfant ses besoins, mais pas tous ses désirs ».

Par exemple, un enfant ne veut pas manger. Il ne faut surtout pas qu'il mange, parce que, si c'était un besoin, il mangerait. S'il ne veut pas manger, c'est qu'il n'en a pas besoin, et que ce serait votre désir. Vous lui dites : « Si tu n'as pas faim, c'est très bien, quand tu auras faim, tu mangeras. » Les mamans ne savent pas quand les enfants ont faim.

Et puis : « Si tu as faim, c'est ta main qui te donnera à manger à toi, ce n'est pas ma main, celle de maman, comme si tu ne le pouvais pas tout seul. »

C'est progressif d'arriver à aider un enfant à son autonomie par rapport à lui-même, c'est-à-dire à ce que j'appelle s'automaterner.

L'automaternage commence très tôt pour un enfant, dès avant la marche. Cela commence par rapport à mettre à sa bouche ce dont il a besoin soit parce qu'il a faim soit pour faire de cet objet la connaissance, qui tient à la fois du besoin et du désir.

Notre rôle, ce n'est pas de rythmer les besoins d'un enfant, comme nous le croyons, mais d'être au service de ses rythmes, c'est de lui donner à manger quand il a faim. Il prend ce qu'il veut de ce que nous lui proposons, et s'il ne veut pas, il faut lui dire : « C'est très bien. » Manger si on n'a pas faim, c'est aberrant : on ne sait pas ce qu'on fait. A la limite, on pourrait dire entre guillemets « c'est pervers » de manger sans faim. Un enfant qui est inculqué à manger quand il n'a pas faim, c'est comme si on lui inculquait une perversion, pour plaire à l'adulte.

Je vais vous donner un exemple.

Une petite fille était déjà continente, ce qu'on appelle « propre ».

Elle était continente, naturellement elle avait quinze mois, ce qui est précoce mais pas exceptionnel chez une fille, étant donné qu'il n'y a aucune relation entre le plaisir de satisfaire ce besoin et le plaisir des pulsions sexuelles, alors qu'il y en a un dans le sexe masculin; les garçons sont continents plus tard que les filles.

Un garçon a sept érections par nuit en moyenne et, au cours de ces érections, il se trouve que l'enfant garçon doit uriner à peu près jusqu'à trente mois minimum, puisque c'est à trente mois que la verge en érection n'est plus en communication avec la vessie, mais en communication avec les vésicules séminales. Il y a un organe physiologique qui se développe entre vingt et un et trente et un mois chez les garçons, et qui fait qu'en érection il ne peut plus uriner comme il le fait depuis sa naissance. Il sortira un jour du sperme mais, en attendant, il ne sort rien, alors que chaque fois qu'il était en érection, il avait la possibilité du plaisir d'uriner librement.

Le génie masculin du jet avec la verge en érection est quelque chose d'absolument fondamental, si bien que, plus un enfant garçon est valorisé de faire pipi quand sa maman le veut, et pas quand il veut, plus la nuit il fera longtemps pipi au lit parce que, dans la nuit, il n'est pas responsable de ses érections. Comme il ne faut pas mouiller son lit – mais que sa maman dit aussi que ce n'est pas beau ni bien de toucher son sexe donc d'être en érection –, il est obligé d'uriner parce qu'il s'arrête à demi-érection pour ne pas avoir le plaisir d'une érection plénière, complète. Le surmoi veille dans son sommeil.

S'il a une érection complète et rapide, l'enfant ne peut pas uriner, mais en demie érection, il peut uriner encore un certain temps, mais il gêne un peu physiologiquement cet organe, qui s'appelle le véru montanum. Comme le larynx se développe (c'est la voix qui mue), le véru montanum se développe autour de vingt-huit-trente mois. C'est le passage de la verge qui, en érection, ne peut pas uriner, et la verge flasque, qui seulement peut uriner. Ceci est donc différent pour les garçons et les filles. Tous deux en général sont continents la nuit, trois mois après la continence de jour. Si on ne s'en occupe pas, c'est comme cela. La continence trop précoce est un symptôme de retard d'autonomie. La continence trop tardive est un symptôme de désirs trop confondus avec des besoins ou de retard sexuel de l'enfant.

Les filles sont propres beaucoup plus tôt parce qu'il n'y a aucun rapport entre le plaisir du besoin et le plaisir de l'attente du désir de la pénétration par le prince charmant (dont le symbole est les bagues). Vous connaissez la chanson : « Il y avait dix filles à marier, le fils du roi vint à passer », et puis il flirte avec toutes mais il y en a une qui est l'élue. Vous connaissez bien cette chanson, que les filles aiment tellement.

Cela, c'est tout à fait typique des filles qui désirent, et qui attendent d'être pénétrées du regard, d'être pénétrées d'un mot d'amour par celui qu'elles élisent. Il n'y a aucun rapport entre le sexe et les émonctoires chez les filles. S'il y a un rapport un peu pathogène et pervers chez les filles, c'est quand on leur laisse croire que ce sont les mamans qui « font » les bébés. Elles ont un schéma, elles ne peuvent pas en avoir d'autre, qui fait des bébés une sorte de crottes magiques. (D'ailleurs, beaucoup de mères appellent leurs enfants « ma crotte »).

C'est un moment très important à ne pas manquer de dire aux enfants : « Je t'ai mis au monde, mais tu es l'enfant de ton père ». Une femme n'aurait jamais d'enfant si ce n'est pas un homme qui lui en donnait la possibilité. Mais l'enfant se développe dans le corps d'une femme après avoir été conçu par les deux, son père et sa mère.

Ce n'est pas la maman magique, ce n'est pas le caca magique. C'est très important parce que cette imagination du transit digestif, mise au service de la magie parturiente, le bébé, cas particulier de crotte, c'est ce qui a tellement gêné de femmes avant l'actuelle préparation à l'accouchement : beaucoup de femmes avaient une fausse représentation du « travail ». Elles accouchaient par les reins, comme elles disaient, parce que l'expression « poussez, madame » allait à l'envers de l'image de ses voies génitales dont la femme ignorait les formes et le fonctionnement.

Depuis les préparations à l'accouchement ce n'est plus la même chose mais c'est dans l'enfance que les filles devraient être informées de leur anatomie fonctionnelle celle du plaisir et celle de la procréation.

Les voies génitales de la femme sont comme une corne d'abondance, c'est-à-dire qu'au moment de l'accouchement la femme ressent son corps comme une corne d'abondance qui s'ouvre par-devant. S'il n'y avait pas la pesanteur, l'enfant naîtrait sa tête face à celle de sa mère. Mais, on entre dans la pesanteur en naissant, il tomberait. En réalité, le mouvement est aussi un mouvement circulaire, le bébé qui naît tourne sur son axe en sortant de sa mère. Cette espèce de représentation digestive de la gestation est une perturbation imaginaire due chez les filles, à la « perversion » dans l'enfance, et dans le langage, qui les laissent croire à cette parturition parthénogénétique des femmes, à leur futur destin de femmes qui pourraient créer des sociétés sans hommes.

Pour les garçons, l'appareil génital étant tout à fait lié à l'appareil urinaire, tout ce qui est dérythmage culpabilisation du fonctionnement urinaire joue sur la liberté future de la génitalité, ce n'est pas cela du tout, l'éducation sexuelle d'un garçon a pour fin de le former au respect de son propre sexe et au respect de l'autre dans la relation d'amour, et dans la relation de la recherche du corps à corps, pour un plaisir ensemble de la satisfaction du désir, ce n'est pas du tout culpabiliser l'érection! Or, c'est cela que l'on fait chez l'enfant garçon quand on lui dit, dès qu'il touche sa verge : « va faire pipi », ou dès qu'il se trémousse : « va faire pipi », alors que justement, très souvent, il se trémousse ou touche sa verge parce qu'il a une érection, et que c'est naturel et « normal » de toucher cette verge pour en faire tomber l'érection. C'est son devoir sacré de petit mâle, qui découvre qu'il a ce rôle, avec sa conscience alors que les érections ne sont pas volontaires, qu'il peut avoir un rôle de maîtrise dans la chute de ses érections, parce que cela gêne quand on est occupé à autre chose d'avoir une érection. Cela déconcentre son attention.

C'est très très important ce que je vous dis pour l'avenir.

J'ai rencontré un vieux médecin. Je me répète un peu, les personnes qui m'ont entendue connaissent cette histoire, mais ce sont des histoires qui marquent quand on est jeune médecin pédiatre, devenant psychanalyste, ce que j'étais à l'époque.

J'allais dans les réunions de chasse ou de pêche. Il y avait des gens qui se réunissaient. Vous savez que les médecins aiment beaucoup cette distraction du samedi, dimanche, qui les sort de leur cabinet de consultation. Naturellement, les mères avec enfants, ou les épouses, vont se promener avec leurs enfants, et reviennent déjeuner autour d'un grand feu, en attendant que les chasseurs reviennent avec le jour qui baisse.

Or, il y avait un vieux monsieur qui, à cette époque-là, avait quatre-vingt-douze ans. Il avait été un chasseur émérite autrefois. Il aimait bien venir dans la société de chasse, où nous allions. Un jour il me parlait : « Ecoutez, puisque vous vous occupez d'enfants, de mon temps, on ne voyait pas des pipi au lit comme j'ai commencé à en voir après la guerre de 1914. » C'était rare, rare. Il était déjà médecin avant. Je ne sais pas quel âge il aurait maintenant, peut-être cent trente ans. J'étais relativement jeune à ce moment-là, et je lui dis : « C'est intéressant, ce que vous dites là. Je croyais que cela avait toujours existé. Je crois que c'est parce que les mères élèvent leurs enfants en les culpabilisant de ne pas être continents bien avant qu'ils n'en soient capables neurologiquement. »

– « Ah, mais ma jeune consœur, cela m'intéresse beaucoup, ce que vous dites, mais moi je peux vous dire que Freud, et tout cela, je n'ai jamais eu le temps de m'en occuper, mais qu'est-ce que j'ai pu aider les jeunes ménages ! » Il parlait des troubles de la vie génitale, et il mélangeait les troubles de la vie génitale et les troubles des enfants énurétiques qu'il n'avait jamais vus avant la guerre de 1914. « Il y avait certaines familles rares où les garçons faisaient pipi au lit tard. Je les connaissais. Je leur disais : « Ne vous inquiétez pas ; tu étais comme ça ; ton père m'a raconté qu'il était comme ça aussi. Dis à ta femme qu'elle patiente. Ton fils est comme ça, mais vous êtes tous devenus des gens très bien ; ce n'est pas une maladie. » C'est comme les enfants qui sont en retard pour parler, ou en retard de motricité, ils peuvent être tout à fait adroits et devenir des acrobates, alors qu'ils ont commencé plus tard que d'autres. Et il continuait de penser tout haut.

Il n'y a pas d'âge pour le développement. Ce qu'il faut, c'est ne pas demander à un enfant d'avoir un comportement avant d'avoir eu ce qui correspond au début de son intérêt pour la motricité, pour la propreté, etc.

Il me disait cette chose, très intéressante : « Moi, j'ai vu apparaître cela après la guerre de 1914. Après la guerre de 1914, dans les campagnes – c'était dans la Somme – les femmes se sont mises à être culpabilisées, disait-il, de mettre des langes mal lavés, mal séchés aux enfants, parce qu'on leur a enseigné que les coliques des enfants, ce qu'on appelait autrefois la diarrhée verte, et qu'on appelle maintenant la toxicose, qui était un agent de mortalité infantile énorme autrefois, pouvait venir de là. On a fait comprendre aux femmes qu'il fallait mettre du linge très sec aux enfants; il ne fallait pas qu'il soit mouillé pour qu'ils n'attrapent pas froid au ventre, et il fallait qu'il ait bouilli puis été repassé au fer chaud pour l'antisepsie.

Alors les femmes se sont culpabilisées : c'était peut-être leur faute si leur enfant mourait de diarrhée. Elles se le disaient, les unes, les autres et, dans les petits logements, il y avait ces couches qui devaient sécher. L'hiver, comment sécher les couches quand on n'a qu'un poêle, que tout le monde vit dans les couches des bébés et que le logement est exigu?

C'est complètement différent maintenant où vous avez la cellulose qu'on jette; il n'y a pas à faire la lessive. Et en plus, quand elles faisaient la lessive, ce n'était pas assez rincé. Tout le monde n'avait pas d'eau. Il fallait aller à la fontaine, et l'hiver c'était gelé. C'était des complications terribles l'hygiène du change des bébés. Ce qui faisait que les mamans veillaient, avant qu'ils n'aient pu faire pipi ou caca, pour qu'ils ne salissent pas de linge, et que cela ne fasse pas toutes ces complications, avec toujours la menace : si je lui mets

58

quelque chose de pas sec, ou de mal lavé, il va faire de l'érythème fessier, il va s'infecter, ou, si ce n'est pas sec, il va faire de la diarrhée verte par froid au ventre.

En plus, comme il me disait, elles ont voulu se mettre à la mode de la reine d'Angleterre – il appelait ça comme ça – langer les enfants à l'anglaise, au lieu de les mettre dans une grosse couverture de laine, ce qui faisait que, s'ils étaient mouillés, ils n'avaient pas froid. On s'est mis à dire qu'il fallait voir leurs petites jambes parce qu'elles étaient plus à l'aise à librement gigoter. Ce qui est vrai, mais qui en même temps faisait le danger des culottes en caoutchouc, jamais bien étanches à l'air. Les enfants transpiraient là-dedans, les couches mouillées se refroidissaient, l'enfant avait des coliques, etc.

Donc, ce côté pratique du change de lange pour ce vieux confrère expliquait l'énorme attention des mères et leurs efforts pour prévenir tous les risques dus au froid, à l'humidité, aux dermatoses fessières, aux diarrhées des nourrissons.

Il me dit : « Autrefois, les enfants n'étaient pas du tout élevés à être propres (il ne disait pas continents, puisque tout le monde dit propre) quand ils ne marchaient pas, ils étaient dans des langes, des grosses couvertures, et même dans leur région accrochés au mur quand les parents s'en allaient, pour ne pas risquer que le chat, le chien, ou les rats sautent dessus quand les parents étaient aux champs, et puis la tiédeur de la pièce venant de la cheminée se sentait plus en haut que par terre.

Accroché au mur dans son lange, l'enfant mailloton ne risquait rien, un petit peu comme l'on voit à l'hôpital des Saints Innocents, à Florence, tous ces bambini de Luca della Robba. Les enfants étaient comme cela, langés avec des bandelettes, autour de couvertures de laine et, dès qu'ils marchaient, on leur mettait une robe en droguet. C'est un vieux mot qui veut dire une grosse étoffe, laine et coton, très épaisse. Il y avait un petit corselet, et puis une robe très longue, qui avait un gros pli, et qu'on rallongeait. Le thorax ne bouge pas de taille, quand l'enfant grandit et ces robes tant pour filles que garçons duraient jusqu'à quatre ans. On leur laissait cette robe qu'on changeait de temps en temps. En dessous, ils étaient tout nus, et ils faisaient ce qu'ils avaient à faire. Le sol était de terre battue, et il y avait toujours une grand-mère qui ramassait le pipi ou le caca laissé par l'innocent enfant. On ne faisait pas d'histoires, et ils devenaient continents, naturellement. Personne ne s'en occupait jamais. C'était dans l'ordre. C'est tout.

Alors, on mettait au garçon des culottes, et aux filles des robes. Il n'y avait jamais d'histoire pour le pipi-caca. Cela n'existait pas à la campagne. Mais, à partir du moment où on a langé les enfants à l'anglaise, comme il disait, parce que cela a été lancé dans les journaux pour les femmes : « Comme ils sont mignons avec les petites barboteuses et leurs petites cuisses nues, les petits angelots fessus ! »

Je ne sais pas pourquoi c'est devenu la mode à partir de 1900 dans les familles aisées, et puis, peu à peu après la guerre de 1914, même dans les familles rurales.

Ce qui a changé aussi c'est l'idée du confort.

Surtout le sol : on s'est mis à faire des parquets ou des linos. Des linos encore, on pouvait ramasser, cela ne mouillait pas, mais quand c'était des parquets, cela salissait, il fallait recommencer à cirer, un accident sur le parquet ciré donnait un gros travail à la maman.

On voit très bien comment une chose, venue de la vie pratique, de l'esthétique des logements, et en même temps de la connaissance de notions d'hygiène, suivie des découvertes pastoriennes, du rôle de l'antiseptie dans la lutte contre la morbidité et la mortalité infantile, comment tout cela a pu jouer pour rendre les mères angoissées que les enfants se mouillent, se salissent, avec toutes les complications cutanées, ou générales, que cela pouvait apporter.

Heureusement, maintenant il y a moins ce danger, puisqu'il y a des couches qu'on peut jeter, mais on continue à avoir été formé à ce qu'il est bien que les enfants soient propres tôt, chose qui, pendant des siècles d'humanité, n'a intéressé personne. Il faudrait qu'on revienne à ce langage de faire plaisir à maman quand on fait son caca, ou aux maternantes : « Ah, il est propre, ah, il a bien mangé!... » On a mangé, tout court, ni bien, ni mal. On mange proprement, quand on est capable grâce à l'avènement de la coordination motrice de manger sans mettre tout autour de l'assiette, mais ce n'est ni bien, ni pas bien de manger. On mange à sa faim. Il peut arriver qu'on mange beaucoup, ou peu, mais bien, qu'est-ce que cela veut dire? Vous entendez toujours les mères demander : « Est-ce qu'il a bien mangé? » « Il n'a pas mangé " son " yaourt? » (Parce que c'est le sien.) « Il n'a pas mangé " son " bifteck ? » Il a mangé ce qu'il avait à manger.

Et puis, la rétorsion : « Si tu ne manges pas cela, je ne te ferai pas ci. » C'est incroyable, tout ce marchandage par lequel les mères donnent une valeur grand V à ce qu'on absorbe ou produit avec son corps, alors que ce qui est important, c'est qu'avec le désir on crée pour les autres en communication, mais sans servilité et surtout pour les besoins, à son rythme à soi.

Quand je vous parle de la danse. C'est très créateur le beau pour les autres, et travailler pour y arriver, c'est justement cela qui est le propre de l'être humain, c'est la création pour la socialisation, et pour le plaisir autant de soi que des autres. Ce plaisir qui est une recherche de langage dans la danse c'est le langage kinétique expressif et esthétique.

Cela peut être au début une proposition par la maman, pourquoi pas ? Et puis, cela plaît ou pas à l'enfant. Les arabesques qu'il fait de son corps dans l'espace, le plaisir de suivre un rythme, et en même temps le jeu avec la pesanteur, c'est cela la danse. Il ne reste rien qu'un souvenir dans le regard, et l'émotion que le spectateur a pu avoir en communion avec celui qui s'exprime. La joie de danser pour certains humains est un grand bonheur qui suscite d'immenses efforts. Mais si l'enfant n'en a pas de lui-même le désir c'est dangereux et pervers de le lui imposer.

C'est en effet coupable pour un enfant de satisfaire le désir de sa mère en dansant pour elle. Il danse pour son plaisir et ceux de sa classe d'âge, et les personnes dont c'est le métier d'enseigner à ceux qui sont faits pour cela dans la société.

Mais le désir de la mère, l'enfant ne devrait jamais être invité à le satisfaire.

Hélas! c'est son plus grand plaisir à l'époque fusionnelle avec elle. Mais cela ne doit pas durer. C'est pour cela aussi que des enfants refusent de manger, parce que la mère désire trop qu'ils mangent. Et ils ont raison. S'ils continuent de satisfaire le désir de leur mère, ils deviennent pervers, car c'est l'adulte élu de la mère qui doit satisfaire son désir, ce n'est pas l'enfant.

Nous sommes toutes nous autres mères un peu comme cela, il faut le reconnaître, quand on a fait un bon petit plat, nous nous sentons vexées et humiliées que notre enfant, ou même l'être aimé ne le mange pas, et ne fasse pas tous les compliments qu'on en attend. Il se trouve qu'il n'a pas faim ce jour-là, il ne va tout de même pas se gêner l'estomac pour nous faire plaisir! Déjà, un adulte peut le dire, ou, quand on a le dos tourné, en mettre la moitié à la poubelle, pour ne pas faire de peine à la cuisinière. Mais, l'enfant qui fait cela, on lui donne sa tartine de beurre et de confiture, et il va la jeter dans la cage d'escalier – j'en ai vu un comme ça – la concierge se plaignait de trouver les tartines, en dessous de l'ascenseur. La mère lui faisait une scène épouvantable s'il n'avait pas pris ses deux tartines de beurre et de confiture au goûter. Il n'avait pas faim, ou il avait peut-être faim, mais il ne voulait pas satisfaire la mère. C'était son affaire, ce n'était pas à soigner par la psychanalyse, ni la psychothérapie. Pourtant c'était un des « symptômes » de cet enfant dit caractériel!

Pourquoi continuez-vous de lui faire des tartines, au lieu de lui dire : « tu es bien assez grand, un garçon de huit ans peut très bien faire ses tartines tout seul »? Je ne vois pas pourquoi la mère est obligée de les lui préparer et de les lui donner.

Cette phrase venue de moi a suscité un « C'est ce que mon mari me dit... mais alors à quoi sert une mère si elle ne veille pas à la santé de ses enfants? »

Pour cette mère c'eût été « bien » pour son fils de manger sans avoir faim « pour qu'elle serve à quelque chose ».

Je veux encore illustrer le satisfaire le besoin mais non toujours le désir. Par exemple, un enfant n'a pas besoin de bonbons. Il demande un bonbon pour le plaisir qu'on s'occupe de lui, pour qu'on lui parle, qu'on lui montre qu'on l'aime. C'est très intéressant de voir que, si on dit à l'enfant : « Ah bien, oui, comment il serait le bonbon? Il serait rouge? » On parle, on se met à parler pendant une demi-heure, on parle du goût du bonbon, selon sa couleur rouge, ou bonbon vert; on peut même dessiner des bonbons. L'enfant oublie que c'est un bonbon qu'il voulait manger. Mais quelle bonne conversation autour des bonbons! Quel bon moment on a passé!

C'est cela : il vient vous demander quelque chose; il veut avoir quelque chose, il veut en parler, et regardez comme c'est intéressant en promenade d'aller devant une vitrine avec un enfant. Quel bain culturel pour eux de parler aux enfants et de jouer à se donner en imagination des cadeaux, et aussi quelle preuve d'amour.

L'enfant dit : « Ah, je voudrais bien avoir ce camion. » La maman répond : « Ah, non, ce n'est pas possible, je n'ai pas d'argent. » Vite, vite, ne regardons pas. Elle ne veut pas qu'il soit tenté, alors que c'est cela vivre, c'est mettre des mots sur ce qui nous tente, et d'en parler. « Ce camion-là, tu trouves qu'il est bien?

– Ah, oui.

– Qu'est-ce qu'il a de bien?

– Il a des roues rouges.

– Oui, c'est bien, mais les roues rouges, cela peut ne pas rouler aussi. Ce n'est pas une image, un camion, il faut que cela roule. On va entrer dans le magasin, tu vas le toucher, on va le regarder aujourd'hui, je n'ai pas d'argent pour le payer.

– Si, si, si.

– Je ne l'ai pas, c'est comme ça, si tu préfères on ne va pas entrer pour le voir de près et le toucher. Si, si... »

Quand l'enfant voit que la mère est décidée : « mais, on va en parler, etc. », il s'apaise. Ce dont il a besoin, c'est de communier dans le désir du camion, dans l'espérance et la mère dévalorise son désir. Il faut toujours justifier le désir d'un enfant, toujours, toujours, toujours. « Ce n'est pas possible à réaliser, mais tu as tout à fait raison de le désirer. »

Depuis que le monde est monde, il y a des idiots qui veulent la lune mais, s'il n'y avait pas eu des idiots qui voulaient aller sur la lune, on n'y serait jamais allé.

Il y a toujours eu des idiots qui le payaient fort cher, souvent de leur descendance de schizophrène, d'être des savants, et d'avoir un désir au service de la société. Ne serait-ce que Pierre de Coubertin.

C'était un homme qui avait le sens de ce que la société des gens urbanisés devait absolument créer des stades et permettre aux gens qui vivaient dans des métiers de ville d'avoir l'exutoire du sport le dimanche. A ce moment-là, il n'y avait pas de samedi.

Il a voulu créer des stades, et il a voulu donner comme « moi idéaux » des gens sportifs. C'est amusant de regarder les photos de cette époque-là : on parlait de ces athlètes. En effet, ils ont servi de moi idéal aux enfants pour se développer. Et on a beaucoup « levé » la race, car dans les villes les gens ne remuaient plus, ne bougeaient plus, et le sport, c'était révolutionnaire. La famille de Pierre de Coubertin était tellement honteuse; on se moquait tellement de lui de vouloir mettre le sport en vedette que tout le monde lui tournait le dos. Il était complètement fou! Ses enfants avaient honte de leur père et sa femme avait honte de son mari. Il dépense de l'argent pour ça! Sa vie a été consacrée à faire que le sport soit réhabilité dans l'éducation des Français. Puis la passion qu'il a mise à remettre en vogue les jeux Olympiques dans les pays d'Europe. Il s'y est ruiné, et en même temps il était mal jugé.

Cela se paie très cher d'être animé d'un désir qui n'est pas dans le consensus et pourtant qui va rendre service à la société. Il y a des êtres comme cela, animés d'un désir pour tous les autres, qui ne le vivent pas pour satisfaire d'une manière ombilicale leur désir à eux. Ce n'est pas un plaisir masturbatoire bien qu'on se moque de leurs idées, que parfois on les condamne (Galilée), c'est vraiment pour les autres, et ils voient loin.

Les désirs se distinguent des besoins en ce qu'ils peuvent se parler et se satisfaire de façon imaginaire. Les besoins sont nécessaires à la survie, à la santé ou au corps. Je ne parle pas que des besoins d'apport : manger, c'est le besoin de prendre; mais le besoin de faire, c'est-à-dire de se débarrasser d'urine ou d'excréments, ou de se débarrasser de la saleté en se lavant, par exemple. Les enfants le sentent très bien, et si on ne les oblige pas à se laver, les enfants sont toujours propres, si seulement on leur en donne l'exemple, quand ils sont petits. Il y a des enfants qui ont un peu peur de l'eau froide mais, dès qu'ils voient l'agrément de la propreté des grandes personnes autour d'eux, ils veulent en faire autant, parce que c'est normal chez l'enfant : tout ce qui va le promotionner à ses propres yeux et le rendre aussi agréable que ces personnes sont agréables pour lui, il y vient tout seul. Alors que : « viens, donne-moi ta bouche, donne-moi ci »... Vous voyez toutes ces mères qui se lèchent pour enlever les taches sur le visage de leur enfant. C'est affreux de voir cela. Ce sont des gens aussi qui ne laissent pas les autres tranquilles, et qui vont aller presser sur les comédons du visage de leur voisin !

C'est de la névrose qui date de l'enfance. Il n'est pas permis de bien s'amuser et de s'être sali. Bon, eh bien, on se lave une fois le soir quand on revient. On n'a pas besoin à chaque fois : « Ah,

comme te voilà fait! Oh, comme te voilà coiffé! »
C'est affreux. Comme si c'était l'apparence qui
faisait un être humain! C'est son vivre vivant qui
est important, c'est la joie de vivre, de communiquer, ce n'est pas l'apparence dont nous avons à
donner la valeur à nos enfants.

Ça, c'est le désir de la mère d'avoir un enfant
« poupée », toujours impeccable, comme s'il sortait
d'une boîte, au lieu d'avoir un enfant vivant. Eh
bien, satisfaire le désir de telle mère, c'est coupable
pour l'enfant.

Alors, il faut apprendre à nos enfants à avoir le
courage de « sevrer » leur mère, de ne pas satisfaire le désir de leurs parents, pour des choses sans
aucune valeur morale.

Je pourrais vous donner un exemple.

Vous avez entendu parler de cette « maison
verte », où nous avons des petits. Maintenant, nous
avons compris. Nous ne disons plus du tout aux
mères de ne pas prendre les enfants dans leur lit,
comme vers dix-huit mois cela commence, l'enfant
veut aller dans le lit des parents. Les enfants doués
et précoces, c'est quatorze mois; les enfants retar-
dés, c'est dix-huit mois. Ils ont envie de retourner
à la vie fœtale pendant le sommeil, entre papa-
maman, pour ne pas éprouver la solitude d'un être
qui se sait allant-devenant fille, ou allant-devenant
garçon, et qui demande à être complété par un
autre. Dormir tout seul dans son lit, en étant privé
de la présence de maman et de papa, qui, eux,
sont ensemble, pourquoi moi, je n'irais pas? Nous
ne disons plus jamais aux parents qui s'en plai-
gnent de ne pas reprendre l'enfant dans leur lit.
C'est à l'enfant qu'il faut parler : « Ecoute, jusqu'à

quand vas-tu laisser croire à ta mère que tu peux être son bébé, alors qu'elle a envie d'avoir un autre bébé, mais qu'elle n'a pas assez d'argent pour que ton père accepte de lui donner de quoi en faire un ? »

Alors, il réfléchit, et la mère dit : « Vous croyez qu'il peut comprendre ?

– Mais bien sûr : il sent que vous avez besoin d'un enfant et il essaie de vous satisfaire en jouant à la fois l'adulte et le bébé. »

Vous savez, actuellement, c'est une très grande souffrance inconsciente des femmes, quelquefois consciente, mais le plus souvent inconsciente, ce besoin d'enfant. Leur corps a besoin d'enfant, et parfois elles ont aussi le désir d'enfant. Eh bien, quand les enfants atteignent quatorze, quinze, dix-huit mois, c'est le rythme où, s'il n'y avait pas de moyens anticonceptionnels, les femmes auraient de nouveau un enfant, mais les difficultés de la réalité s'opposent à ce désir, à ce besoin.

Autrefois, où il y avait une très grande mortalité infantile, sur huit enfants, il en restait trois ou quatre vivants, quelquefois beaucoup moins. Beaucoup de parents disent : « Nous serions six si ma mère n'en avait pas perdu cinq. Je suis le seul vivant. » Il y avait une mortalité infantile extraordinaire dans les campagnes, et même dans les villes, au début du siècle, et encore jusqu'en 1930. C'est depuis les préceptes d'hygiène d'élevage, depuis les vaccins et les antibiotiques que la mortalité infantile a chuté, et la mortalité infantile dès la naissance. Les accouchements faisaient mourir nombre de femmes. Maintenant, les femmes meurent rarement en couches. Aussi, elles ont beaucoup moins peur. Leur corps a moins peur, et elles aussi. Si elles pouvaient, beaucoup de femmes auraient beaucoup plus d'enfants qu'elles n'en ont, et leurs enfants le sentent. Cette femme a besoin d'un petit, et elle a besoin de son homme aussi.

Alors, la fille, ou le garçon, qui ne sait pas encore qui il est, s'il est fille ou garçon, c'est au moment où il va le savoir qu'il voudrait retourner dans le lit pour oublier qu'il va le savoir, pour nier ce que nous appelons la castration primaire, à savoir qu'on est d'un seul sexe et qu'on ne peut pas se développer pour devenir la fille comme le père et le garçon comme la mère, il faut aller, vraiment aller dans la direction de s'identifier à l'adulte du même sexe que celui qui est apparent dans le corps, aux génitoires.

Cet apparent dans le corps est très important, car vous savez qu'il y a des syndromes où, le corps apparent étant féminin, les ovaires ne sont pas des ovaires mais des testicules. Eh bien, c'est le corps apparent qui structure la personnalité. Ce sont des syndromes très rares au point de vue biologique, mais c'est le corps apparent qui fait que l'enfant se structure à l'image des adultes, à ses yeux valeureux qui ont en apparence un corps auquel le sien est semblable. Un enfant veut s'identifier à l'adulte parce que l'adulte le représente lui dans son âge adulte. Ce n'est pas l'adulte qu'il imite; il court après l'image achevée de lui, sous la forme de ce modèle, et il change de modèle au cours de sa vie heureusement, mais au départ, ce sont ses parents.

Eh bien, la réponse au problème de l'enfant par rapport au désir, c'est de lui dire : « Non, tu ne peux pas réaliser un désir d'adulte vis-à-vis de tes parents, parce que ta mère a son homme, ton père a sa femme.

— Mais, moi, je voudrais être sa femme.

— Tu ne peux pas puisque tu es sa fille.

— Ah bien alors, je veux qu'elle soit ma femme, elle est bien ta femme.

— Tu ne peux pas. Deux femmes ne se marient pas même si elles s'aiment (si c'est une fille). Tu ne peux pas parce qu'elle est ta mère, ma femme à moi.

— Et pourquoi, puisque toi, tu es avec elle?

— Parce que moi, je ne suis pas marié avec ma propre mère », doit dire le père.

Les enfants n'y comprennent rien. Le père appelle souvent sa femme la mère au foyer « maman », et la mère appelle son époux le père « papa ». « Je n'ai pas le droit d'aller avec papa, puisque toi, tu y vas? »

Il faut vraiment leur mettre les points sur les i, à ces innocents malheureux. On leur dit : « ta mère, ton père », dès qu'un enfant naît, pas du tout, au lieu de dire : « donne à ta maman, à ton papa », on lui dit : « donne à maman ». Cela prouve que le père est l'aîné au foyer. Le même langage étant piégeant, il faut leur dire : « Oui, c'est une façon de parler, mais c'est ta mère à toi, ce n'est pas la mienne. La mienne, c'est mamie. Eh bien, je ne me suis pas marié avec mamie. »

Ah bon, tout d'un coup, révélation pour l'enfant de l'interdit culturel de l'inceste.

La castration se donne par la justesse du vocabulaire de la parenté. C'est aussi à l'école maternelle et primaire que ce vocabulaire juste devrait être explicité avec les devoirs et les droits que la place dans la parenté implique pour chacun.

Maintenant, nous disons tout banalement à un enfant : « Jusqu'à quand vas-tu laisser croire à ta mère que tu peux faire semblant d'être son bébé, et en même temps faire semblant d'être son mari, tu es une fille, tu ne seras jamais le mari de maman. »

Si elle dit : « Mais, c'est pour papa que je veux aller dans leur lit.

– Tu ne seras jamais la femme de ton père.

– Si, si, si, je serai la femme à papa. »

L'enfant de dix-neuf mois vous dit cela avec véhémence.

« Ah bon, eh bien, on en parlera, parce que, qu'est-ce qu'elle en dit, ta maman ?

– Ah, moi, je trouve ça drôle et mignon, je voulais aussi me marier avec mon père », répond la mère qui entend l'échange de paroles.

Continuez à bétifier tous, et prenez votre enfant dans le lit jusqu'à ce qu'elle vous gêne. Ce n'est ni bien ni mal. C'est retardant pour tous les trois.

Alors, on voit les mères : « Ah, vous savez, je ne sais pas ce que vous lui avez dit (devant la mère, elle ne se rappelle même pas; elle trouvait ça très drôle qu'on parle à son enfant, d'ailleurs, quand elle était en train de se plaindre que l'enfant les dérangeait toutes les nuits), maintenant, il ou elle ne veut plus venir dans mon lit, même quand mon mari part de bonne heure le matin; ce serait bien gentil de se câliner, mais il n'y a plus moyen. »

Parce que, lorsqu'on dit quelque chose à un enfant, qui va dans le sens de son désir à lui, et de son désir marqué par un interdit qui fait qu'il peut grandir, l'enfant le sent toujours. Les interdits structurent chez l'enfant la valeur de son désir, désir à aller plus loin que cette satisfaction à court terme qu'il cherche : « Achète-moi quelque chose, donne-moi un bonbon, prends-moi dans ton lit. »

La véritable satisfaction, c'est d'en parler, et d'espérer un jour exceptionnel, oui, à Noël, à ton anniversaire, quelque chose comme cela chez un grand enfant.

« Ah, mais c'est long d'attendre!...

– Oui, c'est long, on va regarder le calendrier. » Alors, on regarde le calendrier.

« Tu vois, il y aura la Saint-André, la Saint-Anselme, la Saint-Barnabé. »

On se met à parler de tous les saints, et on oublie que ça va être long d'avoir le camion ou d'avoir le droit à un câlin de bébé.

Ce qu'il faut avec l'enfant, c'est entrer en communication avec lui à propos de son désir, et ouvrir le monde en paroles à cette occasion, un monde de représentation, un monde de langage, de vocabulaire, un monde de promesses de plaisirs. Une fois qu'il a son bonbon, on ne peut plus parler, on a la paix, et puis le chewing-gum, c'est encore pire. D'ailleurs, nous avons tous connu ça quand nous étions petits. Quand il y avait une dame très embêtante, qui venait voir nos parents, on lui apportait, si on avait la chance d'en avoir, des caramels mous, parce qu'on savait qu'elle se tairait.

C'est ce que font les parents quand les enfants sont fatigants de questions, de demandes.

La tétine au bébé, le bonbon à l'enfant, pour qu'il ne parle pas, qu'il n'observe rien, et qu'il soit centré sur son tube digestif. Et puis, c'est tout. Et c'est là que l'on met le désir au niveau du besoin, puisqu'on le satisfait. On serait angoissé de ne pas le satisfaire. Résultat : cet enfant est obligé de chercher de plus en plus, d'une façon farfelue, et sans langage, à satisfaire un désir, sans entrer dans la culture, qui est le langage, qui est la représentation ou la fabrication, de ce qu'on n'a pas.

Regardez : quand un enfant veut avoir un jouet qu'il n'a pas, il invente n'importe quoi. Un bout de n'importe quoi, c'est son avion, tandis que si on lui donne un vrai avion, il est rapidement cassé, il ne peut plus rien inventer, il lui faut en racheter un autre.

La créativité, l'inventivité, c'est cela, le désir, mais ce n'est pas la satisfaction dans la chose même; c'est l'évolution culturelle de ce désir dans le langage, dans la représentation, dans l'inventivité, dans la création.

Vous voyez que je suis au contraire pour la danse si cela convient à un enfant, et pour la musique si un enfant y est heureux, et si la mère voulait, elle – parce que souvent une mère, ou un père, veut donner à son enfant ce qu'il aurait voulu avoir, et qu'il n'a pas eu –, c'est bien qu'elle lui donne l'opportunité de connaître ce plaisir si, en effet, cet enfant a des affinités pour cette discipline culturelle, mais surtout qu'il ne continue pas s'il voit que c'est une corvée pour l'enfant, mais que, lui, l'adulte s'y mette. Il n'est pas trop tard pour se mettre à un art (oui peut-être la danse classique) mais pas pour l'expression corporelle en tout cas.

Je connais une femme qui, à quarante-huit ans, s'est mise au piano, qui est bonne exécutante, pour son plaisir maintenant, et elle s'y est mise à l'occasion de ce qu'elle m'avait dit un jour, que c'étaient les larmes, les punitions, pour le piano de son fils. C'était elle qui avait envie d'en faire !

Elle venait me consulter, et je lui ai dit : « Vous faites faire du piano à votre fils parce que vous auriez voulu en faire, peut-être ?

– Ah, oui, je regrettais tellement !

– Il est encore temps, pour vous même et n'embêtez pas votre enfant pour qu'il satisfasse votre désir. » Elle a réfléchi.

Et cela a été une grande joie. D'ailleurs, c'est intéressant parce que cet enfant jeune homme maintenant aime la musique ; en musicologue, et sa mère est pianiste, sur le tard. Par ailleurs, elle travaille. C'est une joie qui s'est révélée à elle après quarante-huit ans, alors qu'elle n'avait jamais touché à un piano de sa vie, et qu'elle voulait que son enfant apprenne le piano.

Pour la danse, c'est pareil : les gens veulent faire satisfaire par leur enfant un désir rentré chez eux. Peut-être. Pourquoi pas ? Mais surtout pas insister.

Une personne me demande : « *Pourriez-vous revenir sur la notion de fuite dans l'absence de l'ignorance chez les enfants, ou l'ignorance chez les enfants dont la conception n'a été connue que vers le énième mois de la vie fœtale ? Ceci étant le cas pour ma fille aînée.* » J'espère que cette personne ne refusera pas la réponse que je lui demande : est-ce que cette enfant marque déjà de ces moments dont j'ai parlé, qui est cette fuite dans un état de non-communication par moments, ou est-ce qu'elle n'en marque pas du tout ? Avez-vous peur à cause de ce que j'ai dit qu'elle puisse le marquer un jour, ou le marque-t-elle déjà ?

Réponse. – *A priori, non.*

F. D. – Ne vous inquiétez pas des choses qui pourraient advenir si elle ne montre aucun trouble mais, si un jour vous la voyez être comme cela, vous pouvez lui dire : « Ah, peut-être que tu te réfugies dans toi-même pour n'être vue par personne, de même que tu as bien vécu quand tu étais au début de ta vie fœtale, et que je ne me doutais pas que tu étais là. » Le dire de quelque chose, mais pas avant que l'enfant ne manifeste quelque chose qui vous rappelle en effet que cela peut être à l'origine de son retour à une authenticité d'elle qui a besoin de son retour à elle-même en se dérobant au savoir d'autrui, sur ce qu'elle pense, sur ce qu'elle est.

Une personne me demande : « *Pourriez-vous repréciser : " l'enfant ne sait pas qu'il est un enfant, il ne se sait pas lui-même " ? Est-ce négatif pour le développement futur de l'enfant ?* »

Non, tout le monde est comme cela. Ce n'est pas négatif, c'est au contraire très positif. Le sujet qui a voulu naître se trouve dans un corps qui se développe physiologiquement, qui est marqué par le temps. Le sujet lui, n'est pas dans le temps. Le langage n'est pas dans le temps. La preuve, c'est que Socrate est encore actuel par des écrits sur lui. Le message de Socrate n'est pas mort, il continue de porter des fruits dans la rencontre de sujets d'aujourd'hui qui lisent Platon. Quand je dis Socrate, c'est pour dire un nom; ce sont aussi tous les êtres qui ont apporté à l'humanité quelque chose, et qui continuent à le lui apporter, alors qu'ils sont morts depuis des centaines et des milliers d'années.

Et encore maintenant, quand nous rencontrons en archéologie des objets esthétiques magnifiques, qui émeuvent par leur beauté, c'est un auteur, un humain comme nous d'il y a tant de milliers d'années, qui nous apporte son témoignage par ce langage plastique, ce langage artistique qui nous touche, et qui nous génère, nous insémine à faire des enfants de beauté, qui s'y réfèrent aussi.

Quand il y a une exposition comme l'art étrusque, par exemple, cela a marqué les gens artistes; les enfants qui vont le voir, cela les marque tout à fait inconsciemment, et ils vont produire des œuvres d'art qui auront été touchées de la culture étrusque, dans quelques années quand ils créeront. Tout ce qui est vivant, et encore vivant dans le langage, reste toujours vivant parce que c'est un langage de sujet, et pas d'un individu dans un corps; cela a été médiatisé par quelqu'un, pas la médiation de corps, à un moment donné de son existence humaine, mais le sujet créatif est actuel, encore et toujours, à travers une médiation subtile qui est l'œuvre. Tout œuvre est langage d'amour et de désir.

L'artiste s'est servi d'un matériau, terre, métal, tissu, pierre précieuse, etc., mais ce n'est pas cela qui nous frappe : l'objet, dans sa tactilité, dans sa sensorialité, est là, mais ce qui nous émeut, c'est quelque chose qui ne peut pas « se » dire, dont seulement on peut parler et qui est l'esthétique. C'est la création d'un objet unique, qui n'est pas répétable, mais qui enrichit et insémine, psychologiquement et artistiquement, un être humain de son époque ou d'une autre, bien après la disparition de tous les vivants contemporains de l'artiste auteur. C'est cela, une œuvre d'art.

C'est pour cela que c'est difficile, à l'époque où nous sommes, de savoir quelle œuvre d'art sera vivante après notre époque, car il y a des œuvres d'art qui nous sont nécessaires pendant que nous sommes vivants, et qui vont se démoder complètement. Pour nous, c'était un langage qui nous parlait, mais ce n'était pas riche d'une grande spiritualité, ni d'une authentique esthétique, d'un message, sans dire immortel, mais qui pouvaient couvrir beaucoup de siècles avant de toucher quelqu'un, de « rencontrer un autre ». C'est cela qui est symbolique. C'est ce que j'attendais pour recevoir l'étincelle, de la jouissance esthétique, qui dans celui qui l'éprouve, est source de joie vivante.

Vous savez comment certaines vocations viennent. Au départ, c'est une vocation. Cela ne veut pas dire que cette vocation va rester telle, mais c'est parce qu'on a vu tel film, c'est parce qu'on a été entendre telle personne, qu'on a visité telle exposition.

Je connais des gens qui, à un moment sensible, ont eu la révélation de leur vocation, onze ans, neuf ans, douze ans. Ainsi une fillette avec l'école est allée à 12 ans à une conférence sur le Mexique (peut-être parce qu'il y avait mec, on ne sait pas pourquoi). Mexique : formidable! Cette enfant peu enthousiaste de l'école jusque là a tout à fait changé. Les études sont devenues fantastiques pour arriver à faire de l'ethnologie. Cette personne, que je connais, a commencé à faire de l'ethnologie, puis de la sociologie, puis encore autre chose, mais c'est cet enthousiasme qui a éveillé son désir de travail, cela a été un message de quelqu'un, fraternité d'êtres qui se sont reconnus, elle qui parmi les enfants écoutait et l'ethnologue qui parlait de son voyage au Mexique, avec des images, des photos, des films. La révélation du sens de la vie!

Eh bien, c'est cela, le désir, qui trouve le moyen de se satisfaire par un très gros travail, qu'à partir de là on va faire, attiré par la satisfaction de ce désir, mais ce n'est pas un désir corps à corps, comme dans le sens « satisfais-toi et tais-toi là-dessus, et pour toi tout seul ».

Non, cela ouvre un horizon, un circuit long de travail pour satisfaire ce désir. C'est cela notre rôle d'éducateur : satisfaire le besoin parce que, sans cela, on mourrait, et parler de désir pour que le sujet, lui, cherche à comment le satisfaire, mais lui tout seul, pas pour nous satisfaire, nous ses parents, ou ses éducateurs, parce que, lui, il se sent fait pour ce qui lui a été révélé par un exemple, celui de quelqu'un qui rayonnait de joie du sens trouvé dans son travail.

Voilà comment je peux vous expliquer cela. Mais rien n'est négatif. On peut dire que : ou bien, les choses ne touchent pas un enfant, ou bien elles font « tilt ». C'est quand elles font « tilt » qu'on peut parler avec lui de ce qu'il vous dit. Il pose une

79

question. Il n'écoute pas la réponse, n'insistez pas, attendez une autre question.

Par exemple, l'enfant a besoin de savoir qu'il a un père, même si la mère est célibataire; c'est un besoin absolu. Sans cela, il grandit de façon symboliquement hémiplégique, et cela se verra; si ce n'est pas dans sa vie à lui, cela se verra dans sa descendance. C'est une chose que la psychanalyse a découverte, et rien n'est plus facile que d'expliquer à un enfant qu'il a eu un géniteur, un « père de naissance », comme tout le monde, mais qu'il ne le connaît pas. Qu'il n'a pas actuellement de papa, ou qu'il a déjà eu d'autres papas, mais ils ne sont pas son père de naissance. Rien n'est plus facile.

Et en huit jours vous voyez cet enfant transformé dans sa relation à sa mère, qui lui a dit la vérité. La vérité, c'est celle-là.

Il lui dit : « Et alors, tu le connais, tu l'as connu?

— Bien sûr, je l'ai connu.

— Et pourquoi ne le vois-tu plus?

— Parce que nous ne nous sommes plus entendus.

— Tu regrettes?

Si la mère dit : « oui », c'est foutu; il n'avait pas le droit d'être né. Mais si elle lui dit : « mais non, je ne regrette pas puisque tu es là, et que je t'aime »... C'est une personne latérale à la mère, une connaissance qui peut aider la mère en disant : « Ta mère te dit qu'elle regrette mais ce n'est pas vrai puisqu'elle t'aime. Si elle n'avait pas connu ton père, qu'elle n'a plus voulu revoir après, elle ne t'aurait pas. Alors, ne t'en fais pas, ce qu'elle raconte, ta mère, ce n'est pas vrai... » Alors, vous voyez l'enfant se transformer, et avoir le droit d'avoir eu le père qu'il a eu, et de s'être mis, lui, dans le circuit de la vie à l'occasion de cette étreinte sexuelle. Les enfants savent bien le dire : « Vous savez, les mères, il faut les laisser dire maintenant que je sais, elle peut dire ce qu'elle veut. »

Ils ont une sécurité en eux après, parce que quelqu'un leur a dit la vérité, que leur mère leur cachait, ou que par caractère elle leur déguisait : « Ah, c'était un salaud, je ne veux pas qu'il connaisse son père, il nous a plaqués tous les deux », et quand on étudie la question, bien sûr, qu'elle aurait eu de quoi s'en douter que cet homme, comme elle dit, les aurait plaqués. Mais, heureuse d'avoir l'enfant, elle l'a gardé. Et si elle n'était pas heureuse d'avoir l'enfant, et que l'homme aurait voulu le garder, pourquoi l'a-t-elle gardé ? Ce sont des choses très importantes parce qu'elle peut dire à l'enfant : « Le jour où tu voudras retrouver ton père, ce n'est certainement pas impossible pour toi, mais, moi, je ne t'aiderai pas. J'ai trop souffert quand il est parti pour une autre, mais tu pourras très bien toi te débrouiller pour aller le voir, c'est ton affaire. »

Là, vous voyez les enfants qui démarrent parce que leur désir n'a pas été contredit, il a été justifié : « Moi, je ne t'y aiderai pas, mais je ne suis pas contre, à toi de te débrouiller ; je peux même te donner la dernière adresse que j'avais, ou l'adresse du village où je l'ai rencontré, celle de ta grand-mère paternelle... », etc.

C'est donner à l'enfant son autonomie pour

satisfaire ses désirs, mais ne l'aider qu'à satisfaire ses besoins. Ne pas satisfaire ses désirs, mais lui parler de ses désirs, qui sont toujours justifiables, même si on ne veut pas l'y aider, ou si on n'a pas de quoi lui donner ce qu'il demande.

S'il veut avoir un vélo, une mobylette, et qu'on n'a pas de quoi la lui payer, ou que la mère a trop peur pour la lui donner (à l'âge où la loi le permet), elle peut lui dire : « J'ai trop peur qu'il t'arrive un accident, je ne veux pas te payer une mobylette; maintenant, tu es en droit par la loi, débrouille-toi si tu peux arriver, d'une façon licite, à avoir de l'argent, je n'aurai pas le droit de m'y opposer. » C'est tout.

C'est cela, soutenir l'enfant à prendre son autonomie (je parle d'un grand enfant) : satisfaire chez l'enfant ses besoins, mais pas tous ses désirs, parce que les désirs des parents ont le droit de se dire aussi, ou même le devoir de se dire.

« Les enfants devant la mort par suicide de leur mère, ou d'un membre très proche de leur famille, que dire? »

Mais, dire la vérité tout de suite, tout de suite, en même temps que tout le monde la sait, et en reçoit le choc sinon vous traitez l'enfant en animal domestique si vous ne lui parlez pas de ce qui se passe. Il faut lui dire : « Il est mort.

– Mais, comment?
– Cela s'appelle le suicide.
– Ah, qu'est-ce que cela veut dire?
– Eh bien, j'ai trop de peine, je ne peux pas te le

dire, demande à qui tu veux, regarde dans le dictionnaire. »

Dire la vérité. Et après :

« Pourquoi il s'est donné la mort? »

On parle devant un drame pareil. Il n'y a pas d'âge pour le dire. On peut dire cela à huit jours, à quinze jours, il n'y a pas d'âge, et il faut que ce malheur soit dit, tel que les parents responsables de l'enfant l'éprouvent. C'est comme cela que nous l'aidons le mieux. Et puis : « Cela me fait trop de peine de t'en parler, parles-en à d'autres personnes; tu as tout à fait raison de chercher, mais moi j'ai trop de peine, je ne peux pas le dire », par exemple. Mais justifier le désir de l'enfant, et lui offrir la possibilité de s'éclairer ailleurs, au lieu de cacher. Il n'y a rien à cacher dans un suicide, c'est un malheur. Il n'y a rien à cacher, je ne vois pas pourquoi il faudrait cacher.

« Que dire devant eux? »

Dire ce qu'on peut en dire, c'est tout. On se demande d'ailleurs pourquoi les gens hésitent.

J'ai vu beaucoup de fois des enfants qui calaient à partir d'un certain moment dans leur classe et on remontait avec les parents dans les séances préliminaires – avant de voir un enfant, c'est très important, ces séances préliminaires; on arrive ainsi finement à remonter au début de la perturbation affective.

« Ah, c'étaient les vacances où la grand-mère machin (paternelle ou maternelle) est morte. On ne le leur a pas dit, vous comprenez, on ne voulait pas leur gâcher leurs vacances. »

Les parents sont revenus, avec des mines comme ça, et on n'a rien dit aux enfants. Vous pensez : un enfant qui voyait sa grand-mère tous les huit jours, le dimanche! Il revient à Paris : « On va aller chez Mamie.

– Ah bien, non, mamie est à l'hôpital.

– Ah bon. »

Puis, elle est toujours à l'hôpital. Puis, la fête de Noël arrive; on invite Mamie?

« Ah bien, non, non, elle est trop fatiguée. Et puis, " elle est en voyage ".

– Mais je peux lui téléphoner?

– Non, non, tu la dérangerais. »

Comme cela, cela traîne, et peu à peu il y a un fossé qui s'établit, et l'enfant se déprime.

J'ai vu cela combien de fois! Et pas seulement la mamie, une histoire grave comme ça qui est arrivée dans des familles : un camarade qui meurt, on ne veut pas le dire : « il n'est pas revenu en classe, il a changé d'école », alors que c'était son meilleur ami qui a eu un accident pendant les vacances.

Vous voyez : ces enfants se dévitalisent lentement parce qu'ils n'ont pas les mots pour dire où est leur chagrin. Il y a quelque chose d'intense chez eux qui est dévitalisé. Il faut tout de suite dire.

Même un suicide, cela peut être très positif dans une famille; ce n'est pas du tout négatif, un suicide. On ne sait pas. Nous ne savons pas ce que c'est pour celui qui est mort; nous ne savons pas si ce n'est pas un acte d'héroïsme même de sa part, pour sauver ses enfants, si c'est un père, ou son enfant, si c'est une mère, qu'elle n'a pas été entendue dans ce qu'elle aurait eu à dire. On peut le regretter, mais ce n'est pas à cacher à l'enfant.

Les rites de deuil, l'enfant doit y être associé, même tout petit sur les bras; associer cet être humain aux événements émotionnels de sa famille. Cet engramme va lui rester dans les perceptions optiques (ou ne lui restera pas consciemment), mais lui restera inconsciemment, de ce qu'il a été associé à la famille comme un humain, car le sujet n'a pas d'âge, il est tout de suite autant adulte qu'à vingt ans... Il n'y a pas d'âge. C'est pour cela qu'un enfant ne sait pas qu'il est un enfant parce qu'il est désirant, et le désirant ne sait pas l'âge qu'il a.

D'ailleurs, nous le savons tous. Quand les gens nous disent : « A ton âge! » Nous désirons quelque chose. Ce n'est pas de notre âge? on s'en fiche pas mal!

Un enfant, c'est pareil : il a l'âge de son désir et nous ne le connaissons pas toujours. Il peut l'exprimer et, dans la mesure où il l'exprime, et où c'est réalisable socialement : « Travaille à le réaliser, je ne suis pas contre; je ne t'aiderai pas parce que ce n'est pas mon avis, mais tu as raison, pourquoi pas? Continue. »

C'est cela qui est important.

« Quelle est la place du désir de l'adulte dans le lieu de vie où il y a des enfants : crèches, haltes, modes de garde? »

Cela dépend de chaque adulte. Je ne sais pas.
« Peut-il exister? »
Si l'adulte existait sans désir, ce serait un mort vivant.

« Les enfants peuvent-ils être protégés de ce désir ? »

Cette personne veut parler d'un désir sexuel de l'adulte pour l'enfant ? oui.

En effet, c'est une mauvaise indication, quand on travaille avec des enfants, d'y trouver son petit bordel ; ça, oui. Il vaut mieux travailler à autre chose parce que ça, c'est détourner l'enfant de son devenir. C'est pervertir un destin.

Nous avons entendu cela dans ces lieux de vie : les enfants, en effet, sont très adroits à susciter le désir chez l'adulte, ils n'ont que ça à faire, à penser. Mais l'adulte qui sent qu'il va se servir d'un enfant pour satisfaire un désir, il sait que cela ne doit pas être dans son travail. Qu'il fasse comme il peut, c'est une faute professionnelle en tous cas avec ce désir hors-la-loi, et où il peut, mais pas dans son travail, ni parmi les enfants que les parents lui ont confiés, pour qu'ils adviennent à leur désir dans leur classe d'âge, dès maintenant, ainsi les préparer à devenir adultes. Mais désirer sexuellement, génitalement un enfant qui n'est pas mûr génitalement, c'est un abus de pouvoir, puisque l'enfant peut difficilement s'y dérober, et c'est quelque chose qui est très dommage.

Je sais que ce n'est pas toujours catastrophique, et j'ai vu – mais c'est plus tard – des jeunes gens qui en fait avaient été sauvés de la délinquance par des homosexuels (hommes ou femmes), qui ont été très paternels ou maternels, soutenant leur développement. C'étaient des enfants relativement abandonnés, mais je vous parle de gens déjà mûrs au point de vue physiologique, et qui, à une autre époque que la nôtre, auraient eu droit à des relations génito-génitales avec d'autres. Après la nubilité, c'est tout à fait différent. Mais pour les enfants, c'est tout à fait nocif que des parents ou des adultes éducateurs aient des désirs, les satisfassent pour une jouissance sexuelle aux dépens d'un enfant. Par exemple flanquer des fessées pour leur plaisir, flanquer des paires de claques parce que cela leur fait du bien. C'est la même chose, c'est sexuel. Ce n'est pas génital, mais c'est sexuel de prendre plaisir à cela. Ou alors, des caresses qui leur donnent des émotions sexuelles ou génitales, il faut absolument qu'ils s'en empêchent dans leur travail, ou qu'ils changent de travail. Si c'est cela que vous voulez dire, dans votre question.

« *Comment l'adulte peut-il travailler dans un lieu de vie, sans que ce désir puisse s'exprimer?* »

Mais, non, le désir que les enfants deviennent des gens bien, c'est un désir génital sublimé chez l'adulte. C'est cela, le désir des adultes éducateurs c'est le désir de libérer l'enfant des entraves qui l'empêchent de faire sa vie, c'est ça le désir de l'éducateur, mais ce n'est pas un désir génital, dans le sens corps à corps, en avoir une jouissance physique, une satisfaction cutanée, un désir de l'embrasser toute la journée, ce n'est pas ça. On n'est pas là pour le corps à corps quand on éduque les enfants, et si un enfant ne peut pas faire autrement que d'embrasser la personne qui est son éducateur, l'éducateur doit répondre : « oui, je t'aime bien », mais non l'embrasser en retour.

C'est très important, la réserve des satisfactions de corps à corps. Tout doit se dire avec la parole à l'enfant pour que l'agir soit éducatif. Le reste, c'est une faiblesse momentanée. Par régression, on donne un baiser de nourrice à un enfant qui vous en aura donné un, et on dira : « Ah, ce qu'on s'aime ! » Bon, et il ne faut pas que cela continue, sans cela l'enfant régressera. Il saura très bien comment jouer sur la chanterelle, se faire préférer, avoir des excuses à ne pas faire ce qu'il a à faire, les tâches qui lui incombent pour être dans l'ordre d'un développement continuel, d'un effort à se développer, à s'autodéterminer, à prendre ses initiatives à lui. Il vient se réfugier chez quelqu'un qui doit, par la parole, l'aider à se retrouver, a y trouver son plaisir, pas pour faire plaisir à l'éducateur, pour se faire plaisir à lui, l'enfant, par rapport à son histoire, par rapport à son passé.

Par exemple, à un enfant qui a réussi quelque chose, lui dire : « Mais qui voudrais-tu qui soit fier de ta réussite ?

– Mais, c'est pour vous, c'est pour vous.

– Mais non, ce n'est pas pour moi. Je suis la maîtresse pour tout le monde. Si tu cherches à me faire plaisir à moi, tu vas rater ta vie, mon enfant, parce que, moi, je ne pourrai rien faire pour toi. Il faut que tu cherches à faire plaisir à d'autres qu'à moi. Moi, c'est mon métier, je suis payée pour cela, je n'ai pas besoin de plaisir. Mais, tâche de le faire pour quelqu'un d'autre. »

C'est comme cela qu'une maîtresse de classe peut aider son élève, qui veut tout le temps lui faire plaisir pour être comme s'il était son enfant. Non, notre rôle, c'est en paroles de dire : « C'est à ta mère que cela peut faire plaisir.

– Oh, ma mère, elle s'en fout.

– Cherche une autre femme qui ne s'en foutra pas comme tu dis, mais ce n'est pas moi. »

En même temps, elle parle avec lui, elle est contente, elle rit; cela se fait avec humour : « Tu sais bien qu'on ne se mariera pas, nous deux! Ne cherche pas à me faire plaisir. Moi, j'ai mon jules. Tu ne le connais pas, mon mari (mon fiancé), mais il est très bien.

– Ah, il est comment?

– Il est très bien.

Les filles disent : « Ah, elle a un mari très bien! » Du coup, vous calmez la flamme homosexuelle qui commençait chez la fille. Et puis, elle se dit : zut, je ne pourrai pas être sa dulcinée parce qu'elle a mieux que moi.

C'est comme cela qu'on aide les enfants, on manifeste avoir reconnu leur désir en n'en riant pas, en l'en justifiant parfois mais en s'y dérobant en même temps, en donnant la raison. La raison parce qu'on n'a pas d'argent, on refuse d'acheter un jouet; parce qu'on n'en a pas besoin, parce qu'on a déjà ce qu'il nous faut, et même si on ne l'a pas, il faut le dire, parce que je suis responsable du budget. Mais il faut justifier le désir que l'on ne satisfait pas. Le parler.

« *Par leurs paroles seules, les parents peuvent-ils se délimiter des domaines réservés, dans lesquels les enfants n'oseront jamais pénétrer?* »

F. D. – Je ne sais pas ce que cette personne veut dire, il faudrait détailler un peu.

Si leur chambre à coucher doit être sacrée? C'est difficile. La chambre à coucher des parents, c'est vraiment l'endroit où, dès qu'ils ont le dos tourné, on va sauter sur le lit.

Le domaine réservé, c'est quelque chose que personne ne peut violer, c'est leur cœur l'un pour l'autre, mais ce ne sont pas des choses qui peuvent se dire. Cela ne peut pas se dire, l'amour qu'on a pour un être. Et là, c'est un domaine réservé, que personne ne pourra jamais violer. C'est quelque chose de tellement intime que cela ne se voit pas; c'est quelque chose de vrai. Je ne sais pas quel est le domaine réservé? Le tiroir de la table de nuit où il y a les capotes anglaises? Soyez sûrs que les enfants les ont déjà trouvées.

« Qu'est-ce que c'est que ça?

– Ecoute, cela me gêne de te le dire. Quand tu seras plus grand, je t'expliquerai.

– Ah, mais, ça doit être pour protéger les doigts! ah! »

Tout content, ce n'est pas un secret.

Et puis, vient un jour où on explique : le père décide d'initier son fils aux actes dont l'homme est responsable dans les relations sexuelles. « Ah, bon, ah bien, c'est formidable, et puis c'est pas commode d'être une grande personne; chaque fois qu'ils veulent s'aimer, il faut qu'ils évitent de faire un enfant; ce n'est pas rigolo. » Etc.

Je ne vois pas très bien ce qu'on veut dire par domaine réservé. Les enfants devinent tout. Ils peuvent très bien garder des secrets. Il suffit de le leur dire.

Une femme a un amant, que par hasard l'enfant a vu. Ce n'est pas du tout la peine de lui raconter un baratin. Il a perçu l'émoi de la mère et de l'autre, il pose des questions : « Tu as vu qu'il y a quelqu'un dans ma vie, qui n'est pas ton père; j'aimerais bien que tu ne le lui racontes pas. Je ne sais pas du tout ce que cela va donner. Si vraiment j'en étais sûre, je serais déjà séparée de ton père. Tu vois... etc. »

Une femme est venue me dire : « Mon enfant m'a vue, etc., qu'est-ce que je vais faire ? Et qu'est-ce qu'il va faire ? »

On verra bien. Qu'est-ce qu'il y aura de pire, quand votre mari le saura ? Cela vous aidera peut-être à divorcer. Ou alors, l'enfant l'aura gardé pour lui, et il aura mûri, en se disant : « Tiens, ma mère n'a pas que moi dans la vie (puisqu'il savait que cela ne marchait pas du tout avec le père, que les gens restaient ensemble comme des potiches, mais pas en s'aimant) cela fait partie de la vie ! » L'enfant qui a compris, et à partir de là il faut le prendre en compte. Expliquer le conflit, ne plus cacher la vérité qu'il a découverte, en parler au contraire.

Ce qui n'est pas dicible, ne sera jamais dicible, c'est ce qui est intime, et qui est vécu tellement profondément qu'on ne peut pas en parler. Si l'enfant un jour le devine et le dit : « Tu es fin, tu as deviné. » Je ne vois pas ce qu'il y a à cacher, à partir du moment où nous assumons nos agir et nos contradictions. C'est cela être adulte, ce n'est pas être parfait.

« Une parole reçue dans l'enfance peut-elle décider de toute une vie ? Pourriez-vous donner des exemples ? »

F. D. – Oui, je vous ai dit l'histoire du Mec-xique *(sic)*. Il y a aussi ce que font les Gitans pour renouveler les musiciens.

J'ai appris cela quand j'étais au pèlerinage de Saintes-Maries-de-la-Mer, chez une amie qui connaissait beaucoup de Gitans. On a beaucoup parlé, c'est passionnant. Elle racontait que pour les Gitans musiciens, dans le clan, le groupe, je ne sais pas comment ils l'appellent, la tribu, peut-être, je ne m'en souviens plus, quand le vieux meilleur musicien d'un instrument se sent vieillir, ils parlent entre eux : « Il faudrait bien qu'il y ait un enfant qui reprenne », et pendant les six dernières semai-nes de la grossesse d'une des femmes, ce meilleur musicien vient jouer tous les jours pour le fœtus, et puis encore tous les jours les quelques semaines qui suivent sa naissance, il vient jouer tous les jours de son instrument, pour le bébé, et ce qu'il joue le mieux. Et, c'est tout.

On laisse les choses comme ça, et on est sûr que cet enfant-là prendra cet instrument-là en grandis-sant. Ils m'ont raconté que c'est toujours comme ça qu'on prépare la relève. Avant la naissance et les premiers temps de la naissance. C'est de cet instrument-là dont il voudra jouer quand il va être en âge de désirer s'exprimer. C'est très joli. Vous voyez que c'est plus qu'une parole, la musique. C'est un message signifiant de langage.

Il est certain que le langage, qui est entendu très jeune, et donné avec amour – parce que cela, c'est une chose donnée avec amour –, porte un être pour l'avenir. Mais il faut un temps de latence entre ce moment et la réalisation. C'est vraiment la graine qui est dans la terre, et qu'on ne voit plus jusqu'à ce qu'elle germe. Et ce n'est pas direct : « Fais ça pour me faire plaisir. » Et allez, « tu fais tes gammes, et allez... » Non, ce n'est pas ça du tout. Le désir, ça sourd de l'intérieur, et c'est inexorablement appelé à s'exprimer à l'extérieur. Et c'est cela que nous avons à soutenir, non pas facilement, et à justifier, en en donnant si c'est possible les moyens. Cela peut-être très difficile, mais « tu as du courage, tu auras le courage; si vraiment tu veux, tu le feras, tu y arriveras ».

C'est cela, notre travail d'éducateur.

Voici un message d'une psychologue, travaillant dans un centre de jour pour enfants, et dans un IMP :

Depuis un an, un groupe de professionnels, de professions variées : pédiatres, psychologues, psychiatres, infirmières, puéricultrices, quelques sages-femmes, des institutrices également, se rencontrent pour échanger autour de leur pratique, parce que chacun ressentait un besoin d'élargissement des questionnements. Des groupes de travail foisonnent, des rencontres ont permis par exemple à un groupe de démarrer pour réfléchir sur ce que pourrait être la parentalité, et la création d'un lieu de rencontres dans leur ville.

D'autres groupes réfléchissent dans d'autres directions. Et si des gens dans la salle se sentent concernés et veulent les rejoindre, ils en seraient très heureux.

F. D. – C'est important, surtout si vous avez été aujourd'hui intéressés, qu'entre vous, vous échangiez votre expérience avec d'autres et, je crois, d'après ce que vous m'avez dit ce matin, que c'était après le congrès de Cannes qui concernait les enfants tout petits.

C'est vrai que cela induit beaucoup de gens à travailler ensemble.

Vous m'avez dit ce matin : « J'aimerais bien, puisqu'il y a tant de gens qui s'intéressent à l'enfance qui sont ici, leur faire savoir que cela existe, parce que peut-être des gens aimeraient en rencontrer d'autres pour échanger leur expérience et approfondir leurs relations pour les rendre plus dynamiques avec les enfants, et en même temps prendre un peu de recul, parce que c'est cela qui est difficile avec les enfants, c'est qu'on est dans l'actuel tout le temps et que, pour prendre du recul, on ne peut le faire qu'en parlant entre soi à un autre moment. »

Le fait même de mettre en mots la question qu'on se pose éclaire déjà, et puis les autres vous éclaireront aussi.

Une autre jeune femme. – Nous voulons faire de ce lieu de parentalité un lieu vivant pour des petits enfants, accompagnés de leurs parents, ou de leur nourrice ou baby-sitter, ou grand-mère, des gens qui s'en occupent tous les jours. C'est un lieu où des professionnels se rencontrent, mais cela est ouvert le plus largement possible, c'est-à-dire que peuvent y participer institutrices, psychologues, psychanalystes, psychiatres, assistantes sociales, puéricultrices, sages-femmes, etc.

Si nous voulons créer un lieu de parentalité, il faut qu'une équipe intéressée par la création de ce lieu puisse se constituer.

Elle a déjà commencé à se constituer. Notre problème, c'est qu'il y a très peu d'hommes, et que nous ne pouvons fonctionner que si cette équipe est mixte. Evidemment, les femmes intéressées peuvent venir nous rejoindre, mais je fais un appel tout particulier aux hommes.

On me demande : pourquoi un lieu de vie pour tout petits? (quand je dis tout petit, cela peut être avant la naissance, cela peut être même avant la conception! On peut aller dans un lieu de parentalité avant d'avoir conçu un enfant; cela peut être pendant la grossesse; cela peut être à la sortie de la maternité, ou jusqu'à ce que l'enfant ait trois ans révolus, c'est-à-dire quatre ans.) Parce que jusqu'à présent, il n'existe aucune institution qui leur permette d'avoir une vie sociale précoce. Et là, c'est un lieu qui permet à de tout petits enfants d'avoir une vie sociale précoce, accompagnés de leur famille.

Jusqu'à présent, dans tout ce qui existe : haltes-garderies, crèches, écoles maternelles, etc., le tout petit est toujours coupé de ses liens parentaux, c'est-à-dire, si ce n'est pas les parents, ce sont les gens qui s'en occupent tous les jours. C'est un lieu de vie.

F. D. – C'est un peu à l'image de ce que nous avons organisé à Paris, depuis 1979, qui s'appelle « La Maison Verte ».

En effet, c'est un lieu de vie tout à fait transitoire. C'est pour préparer les enfants à la crèche avant deux mois, pour les préparer à la garderie, pour que la garderie ne soit pas pour eux une expérience qui les rende insomniaques (c'est toujours cela, le produit de la garderie : les insomnies) et les préparer à l'école, quand ils n'ont pas eu de vie sociale avant, c'est les préparer à être en société séparés de leurs parents, sans angoisse.

Pour cela, il faut que la société les ait accueillis avec leurs parents dans un lieu différent. Ce n'est pas du tout la même chose.

Permettre à la mère de venir à la crèche les premiers jours, c'est mauvais, en ce sens qu'elle ne s'occupe pas des autres enfants. On permet à un enfant de venir avec sa mère. De même, dans les garderies, on permet aux mères de rester; c'est la prime à l'hystérie. L'enfant qui ne dit rien, on dit à la mère qu'elle peut s'en aller, et on dit à la mère de l'enfant qui crie qu'elle peut rester. Ce sont les caprices qui font la loi ou le voyeurisme de la mère inoccupée au milieu des femmes professionnelles actives.

Ce lieu de parentalité que vous voulez faire dans votre ville, c'est très bien parce que c'est différent des lieux qui accueillent l'enfant en le séparant des parents pour en faire un individu de la société.

L'inconvénient, pour les enfants qu'on met en crèche, c'est qu'ils ont deux personnalités : une personnalité à la crèche où le groupe « porteur » des autres enfants sert d'équivalent maternant, tandis que les femmes qui s'occupent d'eux font l'équivalent paternant, tandis que lorsqu'ils vont à la crèche après avoir été dans ce lieu de parentalité, les enfants savent qui sont les parents et qu'ils sont irremplaçables par des personnes qui s'occupent d'eux par métier et payés par leurs parents.

Quand on parle devant un bébé, sans parler à sa personne, peu à peu, il n'écoute plus. On a cité un cas tout à fait semblable : un enfant a perdu sa mère, personne ne le lui a dit et, quand on commence à parler de cela, il s'en va, il sait qu'il ne doit pas entendre cela. C'est là qu'il est déjà complètement fermé au droit à vivre son épreuve de façon humanisée. Il est complètement esseulé par rapport à la mort de sa mère, et il sait que la société ne veut pas partager avec lui les représentations qu'il peut avoir de cette souffrance.

Le bébé, c'est pareil : quand la mère dit : « Ah, qu'est-ce que j'ai passé avec lui! »; elle raconte son accouchement, le début de son allaitement : « Tu entends ce que dit ta mère; elle est en train de parler de tout ce qu'elle a souffert à cause de toi, et toi, c'est pareil, tu souffrais de sa souffrance. »

Parler de ce que les parents disent, sans répondre aux parents en ventilant leurs dires par rapport à l'enfant, c'est très bien si vous y arrivez. Cela a été très difficile, et mon idée était la prévention des troubles psycho-sociaux, névrose, psychose, qu'on voit beaucoup trop tard. Il faut faire communiquer parents et enfant, bien avant qu'il n'y ait un symptôme fixé.

Par exemple, l'insomnie chez les petits.

L'insomnie est un symptôme qui va s'installant et souvent cela devient un mode de vie. Les parents n'y comprennent rien, nous non plus. Cela disparaît quand vraiment l'enfant a pris son pied à la Maison Verte; il dort la nuit suivante. Les enfants qui s'ennuient ont besoin de parents la nuit pour s'amuser. Les enfants de crèche ont deux personnalités : la personnalité d'objet de la société, et la personnalité d'un sujet, qui reste en panne à l'époque où les parents ont commencé à les mettre à la crèche sans les avoir prévenus, sans leur dire combien ils vont être tristes de les mettre à la crèche, mais que c'est nécessaire. Et surtout que les mères n'embrassent pas leur enfant en arrivant à la crèche pour les reprendre.

C'est très dur parce que les maternantes le leur reprochent : « Dites donc, vous n'êtes pas pressée de voir votre enfant, vous ne l'embrassez pas! »

Il faut qu'elles tiennent le coup en arrivant. Tous les enfants des crèches hurlent en voyant leurs mamans parce qu'ils sont affolés d'être des biberons dévorés. Ils savent qu'arrive le commando des panthères qui vont se jeter sur eux, et ils ne savent pas encore qui c'est. Ils ne reconnaissent leur mère qu'à son odeur et à son rythme. Ils n'ont pas le temps de l'avoir reconnue que déjà elle est en train de les dévorer. S'ils entendent la voix de la mère, le rythme de la mère pour les habiller, et qu'elle fait le relais avec la maternante : « Ça c'est bien passé, la journée? », n'importe quoi, « on va retourner à la maison, on va voir ton père, tes frères et sœurs, on rentre à la maison. » Ou, même quand c'est fini, avant de le mettre dans la poussette, on s'embrasse à ce moment-là. Ou alors, à la maison, la fricassée de museaux, pourquoi pas? Mais, pas à la crèche dès qu'elle arrive.

L'enfant est lâché avec des baisers d'adieux affolés, il est retrouvé avec des baisers ardents de mères frustrées une journée entière sans leur enfant.

Voilà ce qu'il faut préparer pour les enfants qui vont en crèche, et les dames de la crèche quand elles voient ces petits de deux mois disent : « Ils ne sont pas comme les autres, ceux de la Maison

Verte. Ils écoutent, ils ont les yeux ouverts, ils ne se ferment pas, ils ne crient pas quand on leur fait attendre leur biberon. Il suffit de leur dire : " je viens, je ne t'ai pas oublié ", et quand les mères arrivent, ils ne crient pas. »

Et ce sont des enfants qui ont des mimiques expressives.

Mais ces enfants tout petits, il faut les préparer. Quand les mères savent qu'elles vont avoir à mettre leur enfant à la crèche, il faut d'abord qu'ils s'habituent à ce lieu [1], et ensuite on prépare l'enfant à ce qu'une autre personne assiste au change et au fait qu'il prenne le biberon avec elle, la mère restant présente.

Il faut que les mamans sachent qu'il ne faut pas sevrer le bébé deux jours avant de le mettre à la crèche; il faut déjà l'avoir habitué à une autre alimentation. Il faut faire les choses progressivement, et surtout que la mère passe la main à une des personnes d'accueil dans un lieu de loisirs comme à la Maison Verte pour qu'elle commence, elle, à changer l'enfant devant la maman qui, présente, rassure son bébé.

« Ce sera comme cela à la crèche, les dames te changeront – on les appelle les taties (habituellement) –, ce sont des personnes qui sont au service de tes parents, et payées par eux pour s'occuper de toi. »

C'est très important que l'enfant sache qu'il n'a pas à aimer ces personnes, qui n'ont pas à l'aimer. Elles l'aiment, tant mieux! Mais ce n'est pas l'important. L'important, c'est qu'elles soient à son

1. Je parle de la Maison Verte.

service, au service de ses parents, et efficaces pour assurer ses besoins, car sans le secours d'autrui il ne peut survivre.

Ceci, c'est extraordinaire à dire, mais l'effet est absolument radical pour la bonne santé de l'enfant, qui garde sa personnalité. Il sait qu'il est fils ou fille d'un tel ou d'une telle et que, quel que soit le milieu dans lequel il est, il n'est pas l'objet de ce milieu, il n'est pas l'objet des personnes qui s'occupent de lui. Il est toujours lui-même, articulé à ses parents, confié momentanément à telle ou telle personne, qui n'a pas du tout des droits inconditionnels sur sa personne.

A l'école, c'est pareil, il faut prévenir l'enfant que la maîtresse n'a aucun droit sur lui; elle a le devoir de l'enseigner mais, comme elle est une personne nerveuse, elle a parfois des claques au bout des mains, des bons points, ou des mauvais points.

La maîtresse est payée pour enseigner; elle n'est pas payée pour être gentille : « Tu as bien de la chance qu'elle soit gentille. » Combien j'ai vu d'enfants en deuxième année d'école primaire vouloir revenir à la première année parce qu'ils y avaient eu une maîtresse gentille, alors qu'une maîtresse doit n'être ni bonne, ni méchante; l'important c'est que l'enfant aille à l'école avec d'autres, et qu'il sache que la maîtresse est payée pour le socialiser par l'enseignement, et qu'elle ne remplace jamais une maman. C'est la loi d'aller à l'école à partir de tel âge. Mais ce n'est ni bien ni mal de ne pas aimer ou d'aimer y aller. C'est plus agréable, tant qu'à faire, d'y trouver du plaisir!

A la rigueur, une nourrice est une autre maman,

pas la mère de naissance, mais une autre maman, mais jamais un professeur.

Ces choses-là peuvent être dites dans ces lieux aux enfants de moins de trois ans; cela les aide énormément pour la suite.

Je reprends les questions.

« Vous avez parlé de la voix inductrice de l'autre. Pouvez-vous développer ce point par rapport aux enfants sourds-muets ? »

F. D. – Les sourds de naissance ne sont pas muets du tout. Les sourds sont très très parlants, pas avec ce qui s'entend, pas en faisant des modulations de la voix audibles par l'oreille, mais il y en a aussi qui entendent les sonorités, les vibrations. Ils ne sont pas sourds à tout. En tout cas, ils sont dans le langage pleinement, dans le langage visuel, dans le langage olfactif, rythmique, mimique, gestuel.

Il y a des enfants sourds et aveugles; j'en ai soignés et c'est soignable encore à dix-neuf ans, alors qu'on les croyait arriérés. Ils ont comme moyen discriminatoire de l'autre l'odeur et le toucher. On peut très bien communiquer avec eux, en tout cas quand ils sont petits.

Bien sûr, si les parents qui savent que leur enfant est sourd, savent aussi qu'il est dans le langage, autant qu'un enfant entendant, pas dans le langage verbal, mais dans le langage mimique, dans le langage complice, langage de joie, de peine, de relations interpsychiques, et qu'ils peuvent arriver à coder ce langage selon la langue des signes de leur ethnie; si les parents peuvent apprendre la langue des signes pour leur enfant, bien sûr, c'est très bien, mais signifier à distance par les mimiques qu'ils veulent pour commencer, et surtout entrer en contact avec leur enfant par tous les moyens qui sont autres que le moyen verbal, audible, c'est très important.

Les enfants sourds sont dans une magie continuelle. La mère entend par exemple la voiture de son mari qui arrive; elle va au devant, à la porte. L'enfant qui a vu que, lorsque la mère ouvre la porte, le père entre, va ouvrir la porte pour faire entrer le père, et il se sent d'une impuissance épouvantable. Jamais lui ne pourra faire apparaître le père, parce qu'on ne lui a pas dit qu'il est sourd; on ne dit pas aux enfants qu'ils sont sourds. C'est une grosse erreur. Tout enfant qui a une infirmité, il faut le lui dire tout de suite dès qu'on l'a vu. On peut élever un enfant différemment en lui disant son infirmité dès qu'on la connaît, et à partir de là il n'est plus dans un sentiment d'impuissance continuelle. Il sait de quoi il est infirme, grâce à quoi il peut compenser par les autres sens et les autres moyens de communication qu'il a d'une façon beaucoup plus aiguë que ceux qui n'ont pas cette infirmité.

Au fond, nous descendons les escaliers avec nos yeux. Je m'en aperçois en vieillissant, mais déjà avant. Je suis depuis quarante ans dans le même immeuble, avec un escalier que je connais bien, quand il y a panne de courant je prends la rampe. C'est à croire que c'est avec mes yeux que d'ordinaire je descends l'escalier!

Quant à un enfant sourd, il a les yeux encore plus au guet de tout ce qui est signifiant : les nuances, les visages, et puis l'olfaction. L'odeur de chacun de nous aussi est spécifique de notre être vivant.

Notre odeur change suivant les sentiments qui nous habitent, et les jeunes enfants, à qui on peut valoriser l'olfaction quand ils perçoivent les personnes à distance, reconnaissent à l'olfaction les personnes qu'ils connaissent, s'ils ne les voient pas ou ne les entendent pas.

Ceci demeure chez les enfants qui n'ont pas l'audition. Les paires de nerfs crâniens commandent les yeux et les oreilles. Quand nous écoutons à droite, nous ne pouvons pas faire autrement que de tourner les yeux à droite. Et le fait de ne pas avoir d'oreilles fait que l'enfant écoute, si on peut dire, avec les yeux, avec une espèce de tactilité, de radar.

Vous avez peut-être lu des livres d'aveugles qui découvrent l'espace par un espèce de radar. Un jour J l'aveugle qui l'est devenu sur le tard, découvre qu'il sait complètement l'espace dans lequel il est par le fait du sens d'une perception de la profondeur, de la largeur de la pièce, d'après un radar inconscient jusque-là, et qui devient conscient chez l'aveugle un beau jour.

J'ai lu un livre très intéressant en 1920 écrit par un aveugle de guerre, qui était paumé jusqu'au jour où tout d'un coup, ça lui est venu. Un aveugle né lui avait parlé de ce phénomène. Il s'est dit : « Ce n'est pas possible, c'est parce que j'étais trop âgé quand je suis devenu aveugle (il est devenu aveugle pendant la guerre de 1914). » Et puis, pas du tout, un beau jour où il était un peu perdu dans sa solitude dans un brouhaha, avec un groupe d'aveugles comme lui, ils sont entrés dans un lieu où devait avoir lieu la réunion, et tout à coup il était porté, il était dans un état un peu inconscient. Tout d'un coup, il a eu la perception du radar, des murs à droite, à gauche. Il y avait des plantes vertes (il s'est fait une représentation des plantes vertes puisqu'il les avait vues), qui devaient tamiser la sonorité à un endroit, et il a demandé aux gens. Et on lui a dit : « Mais, oui, c'est formidable, ça y est, tu as le radar », lui ont dit les aveugles beaucoup plus anciens dans leur infirmité que lui. « Tu vois, maintenant que tu as le radar, ta canne te servira, mais presque pas, fie-toi à ton radar. »

C'est cela qui est étonnant.

Eh bien, les enfants sourds ont, par leurs yeux, des moyens de comprendre les gens, et ils ont la tactilité, l'olfaction, et aussi la gestique, inconsciente, qu'ont les gens; mais bien sûr un code conscient qui est encore mieux, celui qu'on appelle la langue des signes, peut leur être enseigné et leur être parlé par des parents qui savent la langue des signes.

Un enfant, qui a la communication depuis sa naissance avec ses parents, sera beaucoup plus adaptable à la société, surtout à la société des sourds qui ont la langue des signes, en même temps qu'il sera en sécurité dans la société des entendants. On verra ensuite, à quatre ans, cinq ans, comment l'éduquer à cette autre langue, la deuxième (la première langue étant la langue des signes), la langue verbale, de son pays, chez nous le français parlé et lu sur les lèvres.

*Autre question qu'on n'a pas du tout abordée :
la circoncision des enfants. « Un garçon de trois
ans, et un autre de neuf mois, le père arabe, la
mère française. Le père envisage de faire procéder
à la circoncision de ses fils. La mère considère la
circoncision comme une mutilation. Que pensez-
vous de ce problème? »*

F. D. – Ce n'est pas du tout « un » problème.
C'est un problème « pour elle ». C'est peut-être un
problème pour le père s'il ne veut pas que cette
circoncision soit rituelle, s'il veut une circoncision
pour la circoncision. Ça, c'est stupide.

La circoncision pour la circoncision, par un
chirurgien quelconque, c'est ni bon, ni mauvais.
Mais c'est le vœu de papa et, pour celui de neuf
mois, c'est déjà tard.

En fait, c'est huit jours, quinze jours, le bon âge
pour n'importe quelle circoncision. Ou alors, le
moment où ce serait dangereux de garder son
prépuce parce que l'enfant est en train de faire
infection sur infection du fait d'un phimosis. Il faut
bien le circoncire, et lui expliquer pourquoi : « Tu
risques d'avoir une maladie qui abîme ce bourgeon
important pour la fleur de la vie (le gland) ». On
peut raconter cela, c'est vrai, poétiquement dit.

La circoncision est nécessaire dans les cas de
danger, et la circoncision est nécessaire dans le cas
d'une croyance, mais alors qu'elle ne soit pas faite
pour dire que c'est fait, sans que cela ait été
ritualisé. Alors, cela n'aurait pas de sens.

Si ce père veut que cet enfant soit circoncis pour
que les autres ne disent pas qu'il ne l'est pas, il faut

que la mère aide ce père à dire : « Non, pas comme ça, en cachette, mais de façon rituelle, avec l'entourage et les usages de cette religion, où la circoncision est un signe de promotion virile, promotion humanisante. »

La circoncision n'est pas du tout une mutilation, mais elle peut l'être si c'est conçu comme une hypocrisie, pour que les autres ne reprochent pas au père de ne pas avoir observé un usage qu'il trouve absurde, auquel il ne croit plus.

Pour les Juifs, c'est pareil. « Oui, oui, l'accoucheur va circoncire pour que ce soit dit qu'il soit circoncis. » Cela se paiera à la deuxième ou à la troisième génération.

Il faut que, si le père ou la mère, par foi, veulent mettre leur enfant dans les règles et les secours d'une religion qui donnent sens à leur vie, ils se disent : « Et si je mourais demain, qui le prendrait en charge ? », et cela dès qu'un enfant est né. C'est cela notre devoir : dès qu'un être humain est né, c'est lui assurer des relais aux parents, les premiers responsables, pour que d'autres personnes le prennent en tutelle et en responsabilité dans le mode d'éducation que les parents veulent lui donner. C'est le rôle des parrains et marraines.

Eh bien, on ne peut pas donner d'éducation à un enfant circoncis pour « faire semblant ». Cela ne veut rien dire.

Je ne sais pas si je réponds à votre question, mais la circoncision, l'enfant doit être instruit de ce que c'est, un honneur qui lui est fait – ce qui est vrai; c'est un honneur. A partir de cette marque à son sexe, il est inscrit en valeur d'humain masculin dans une société qui a une éthique précise pour éduquer ses ressortissants, une éthique à visée spirituelle et pas seulement une morale de comportements.

Toutes les mères considèrent la circoncision comme une mutilation; ça, c'est le problème des mères, alors que la circoncision précoce, non seulement n'est pas une mutilation, mais c'est une intensité donnée au désir parce que, en ne protégeant pas le gland, comme il l'est par le prépuce, le gland est de ce fait beaucoup plus sensibilisé. Après, la muqueuse se durcit, et ce n'est plus aussi sensible ni de la même façon. Mais au début, c'est vraiment une libération de la protection de ce gland, grâce à quoi cela permet à cet être humain de se sentir promotionné, sensibilisé du côté des mâles de son groupe familial et social. Si la mère ne veut pas que son garçon soit marqué du désir du père qui veut, lui, qu'il n'appartienne pas qu'à lui et à sa mère, mais qu'il appartienne à Dieu, c'est qu'elle pense un peu comme une chienne à son chiot, une chatte à son chaton. Cette mère veut garder son enfant pour elle, le protéger de tout mal physique sans comprendre le rôle langagier, symbolique de cette épreuve humanisante pour son fils.

C'est tout à fait important de faire comprendre cela aux gens. Dans la religion chrétienne, Jésus de Nazareth a apporté cette notion nouvelle : qu'il ne s'agit pas de marquer le corps, il s'agit de marquer le cœur. Il a parlé de la circoncision du cœur. Une marque intérieure, que personne ne peut voir, et cela évite toute hypocrisie. Ce n'est pas parce qu'on est circoncis de la verge qu'on l'est du cœur. Ce qui est important, c'est de l'être du cœur. Dans le cœur, c'est d'être sans protection infantilisante, (comme par la maman quand on est petit), sur l'organe cœur qui est symbolique des pulsions maîtrisées de l'homme soumis librement à une loi au nom de son Dieu transcendant dont il inscrit la marque au lieu de ses amours humaines, le cœur.

Voilà ce que cela veut dire.

Alors là, qu'elle se débrouille, la pauvre maman, à qui je réponds avec mon jargon et ma salade de psychanalyste. Qu'elle réfléchisse avec le père de l'enfant au sens d'honneur et de promotion de son fils qu'est une circoncision rituelle, mais qu'ils renoncent à une circoncision dédiée au qu'en dira-t-on, ou aux parents à héritage...

Peut-être que ce serait intéressant s'il y a ici des femmes musulmanes, qui ont des enfants, et qui sont déjà un peu dans l'éthnie française, qu'elles soutiennent cet honneur d'appartenir à la religion de leur père, de leur grand-père, et qu'elles aident les autres femmes à ne pas se mettre à hurler avec les louves, qui crient : « on abîme nos enfants ». Qu'elles comprennent, pour qu'elles donnent valeur humanisante à ce rituel, en même temps très symbolique pour l'enfant, sa famille et l'entourage social présent autour de l'enfant ce jour-là.

Il y a plusieurs questions sur la sucette.

« Est-ce qu'en donnant la sucette à un enfant on assouvit trop ses désirs, et on lui crée des besoins ?

F. D. – Oui, c'est vrai, on assouvit le désir oral, le désir passif de la bouche à téter le téton. C'est une illusion de téter. C'est pour avoir la paix, parce que les parents, cela les ennuie d'entendre crier l'enfant, et puis ils n'ont pas le temps de parler. Ils n'aiment pas qu'un enfant crie, alors que simplement ils l'empêchent de dire sa peine, et ils lui donnent l'illusion qu'il est au sein. C'est ennuyeux parce que cela l'empêche de chercher une solution, ne serait-ce que celle de sucer son pouce, qui est beaucoup mieux qu'une sucette, ou de sucer son poing, ou de trouver quelque chose d'autre.

Un enfant, vous le savez, met tout à la bouche. Et, quand il met à la bouche, il met aussi au nez, aux oreilles, aux yeux. C'est une façon d'intégrer tout. Alors, il met à la bouche.

De quoi a-t-il besoin à ce moment-là ? D'un aliment symbolique, c'est-à-dire d'un élément auditif, visuel, langagier, qui lui dise le goût et ce que c'est qu'il a mis à la bouche. Par exemple, il met le hochet côté métal. « C'est le hochet, tu vois, c'est froid parce que c'est le côté métal. »

Et puis, à un autre moment, il prend le côté ivoire : « C'est moins froid que le côté métal. » Simplement cela, quand on le voit; quand on ne le voit pas, tant pis. « Tiens, tu as pris ta couverture (ou ce petit linge), comme quand je te mets à téter, et tu crois, parce que tu as la couverture, et que tu la mets sous ton nez, que tu es avec moi, et que tu es en train de téter. C'est dommage, parce que ce n'est pas vrai. » Et l'enfant très intéressé par ce qu'on dit, ne s'occupe plus de sa couverture, mais de qui lui parle.

Le véritable élément transitionnel pour l'enfant, ce sont les mots, mais ils ont des objets auditifs de remplacement de la présence maternelle, d'un

objet partiel (le mamelon) de la présence maternelle, parce qu'on ne leur a pas donné les mots à
temps sur leurs autres perceptions de la présence
maternelle.

Ce n'est pas bien grave; il y a même beaucoup
de gens qui sont devenus de très grands savants
grâce au fait qu'ils suçaient leur pouce, en ne
parlant que d'Einstein, qui paraissait un arriéré
suçant son pouce jusqu'à onze ans. Les avis de ses
professeurs disaient : « Il ne fera jamais rien, le
pauvre petit ». C'était un pauvre petit méditant
continuellement en suçant son pouce, car le suçage
de pouce entraîne l'enfant à la méditation. Celui-
ci a médité jusqu'à devenir mathématicien, mais
il y en a beaucoup qui n'arrivent pas jusque-là.

*Voilà quelque chose d'intéressant. Vous voyez
un enfant très évolué d'un côté, et régressif par
périodes. Cela arrive.*

*« Que dire d'un enfant de cinq ans, qui est
autonome? Séparation d'avec sa mère dans diffé-
rentes circonstances, copains, école, jeux extérieurs, et qui, à d'autres moments, s'accroche
physiquement : caresses prolongées, câlins à elle,
et refus de s'en séparer. Le pédiatre a répondu :
« manque de confiance en lui, laissez faire ses
débordements affectifs ».*

F. D. – Mais, au nom de quoi cette mère obéit-
elle à ce médecin? Et pourquoi faudrait-il qu'elle
obéisse à ce que, moi, je lui dirais? Qu'est-ce
qu'elle a envie de faire? Est-ce qu'elle est contente
quand il vient se frotter contre elle, et tout ça?
Alors, tant pis pour eux deux, ils sont encore dans

ces moments innocemment incestueux tous les deux, mais cela changera.

On voit un enfant, qui est déjà très évolué, mais il a comme un regret, et peut-être sa mère aussi se dit : « Mais, il n'y a plus d'enfant, c'est terrible », et de temps en temps il va la consoler : « Mais oui, il y a encore un enfant. »

Il y a des enfants qui sont très évolués et, de temps en temps, ils font la part du feu : « il faut bien lui donner du câlin, la pauvre mère ». Et la mère croit que c'est l'enfant qui le veut, et en fait c'est elle aussi. Mais je ne sais pas pourquoi, son médecin (il n'en a peut-être pas eu assez) s'identifie à l'enfant; il dit à la mère : « laissez faire ». Pourquoi pas? Mais aussi pourquoi?

Chose poignante : « Un enfant de dix ans dont la mère est morte (on ne dit pas quel âge il avait quand la mère est morte). Tout la famille refuse d'en parler, et entre eux, et avec l'enfant. L'enfant sort de la pièce lorsqu'on essaie d'aborder ce sujet. Comment lui parler en tant que professionnelle? » (C'est-à-dire que la personne qui pose la question est probablement une institutrice de l'enfant).

Réponse. – psychologue.

F. D. – *Vous êtes psychologue, et on vous a demandé de vous en occuper? Qui vous a demandé de vous occuper de l'enfant?*

Réponse. – L'enfant m'a été amené en consultation avant, pour d'autres problèmes, et je l'ai revu après les vacances.

F. D. – Eh bien, c'est lui qui va vous en parler, même s'il se tait. Laissez-le longtemps se taire, puisque sa mère s'est tue pour lui, et qu'il va pour commencer faire un transfert de personne muette à lui, alors soyez muette.

C'est ça : l'enfant transfère au début ce qu'il y a autour de lui. Comme en ce moment il a une mère muette pour lui, il va être muet pour vous pour entrer en lui en relation avec sa mère de façon symbolique et spirituelle. Ne cherchez pas à le questionner. Dites-lui simplement que vous êtes chargée de vous occuper de lui par telle ou telle personne, parce qu'on pense que la vie est difficile pour lui en ce moment depuis ce qui s'est passé, sans lui dire quoi, il le sait; et que, s'il le veut, vous voulez bien l'écouter régulièrement et que, s'il ne le veut pas, il peut vous le faire savoir.

Moi, je me sers beaucoup du paiement symbolique parce que c'est grâce à cela qu'on voit l'enfant signifier le refus de sa séance. On le félicite de ne pas en vouloir d'ailleurs : « Tu ne veux pas ta séance, tu as raison, quand tu m'apportes (à Paris, c'est le ticket périmé de métro, ou un petit caillou, ou un petit faux timbre qu'il a fabriqué), je sais que tu veux ta séance. Aujourd'hui c'est non. »

Alors, ça c'est intéressant, parce qu'il y a des enfants qui veulent leur séance, qui ne disent pas un mot pendant dix, quinze séances, mais en apportant leur ticket, en étant toujours à l'heure, venant seuls, en apportant leur paiement symbolique. Et ces séances de silence total, c'est formidable pour eux, si le psychologue peut supporter ce silence total, en sachant que c'est grâce à cela qu'ils font leur deuil.

C'est possible que ce soit ça. C'est quand vous parlez, vous, devant lui, de la mort de sa mère qu'il s'en va? Oui, mais s'il est avec vous, il en parlera intérieurement, sans vous en dire un mot, mais il revivra tout ce qu'il a à vivre, et peu à peu il vous dira un rêve, ou il dessinera quelque chose. En attendant, respectez ce deuil, qui ne peut se vivre en ce moment que dans le silence puisque, déjà, les autres de sa famille ne veulent pas lui en parler, ou ne le peuvent pas.

« *Comment une mère peut-elle parler à sa fille de quatre ans de l'incarcération de son mari pour une période de cinq à dix ans?* »

F. D. – Son mari n'est pas le père de l'enfant? Si? Bon, alors, elle le sait. Cela ne lui a pas été dit en mots, mais elle le sait.

Question. – *On a dit à l'enfant qu'il était parti.*

F. D. – On lui a dit qu'il était parti mais l'enfant sait bien qu'on lui a menti. La mère n'a qu'à dire : « Je t'ai dit que ton père est parti, tu sais bien que ce n'est pas vrai. » Tout simplement. « Si tu sais ce qui lui est arrivé, dis-moi ce que tu crois. Je te dirai peu à peu la vérité. »

Elle peut très bien lui dire : « Tu étais trop

petite », même il y a quinze jours. On ne dit pas que c'est il y a quinze jours : « Tu était trop petite, alors j'ai pensé que je ne pouvais pas t'expliquer, mais je suis sûre que tu sais quelque chose, et que tu n'oses pas non plus m'en parler. On est toutes les deux à ne pas oser parler, on dit que papa est parti. Moi, je dis que mon mari est parti à tout le monde, mais à toi, si tu veux, on en parlera pour de vrai. »

L'enfant ne dira rien, et puis, deux jours, ou trois jours après, elle dira quelque chose, ou elle fera un dessin où elle mettra des barreaux partout, et un petit bonhomme dedans. Sa mère dira : « Oui, tu as raison, c'est bien là qu'il est.

– Pourquoi?

– Eh bien, parce qu'il a fait une bêtise. »

Et elle lui dira la bêtise qu'il a faite. Et puis surtout, la petite pourra aller à la prison voir son père, ou lui écrire.

Ce qui est indispensable aux prisonniers, c'est que leur enfant les aime dans l'épreuve qui est la leur. C'est cela qui fait que leur prison peut servir vraiment à les réhabiliter, parce que ce sont toujours des gens qui ont eu un manque d'éducation ou un fléchissement de maîtrise d'eux-mêmes et qui, du fait que leur enfant les aime, se sentent responsables. Quand ils voient que leurs enfants les aiment dans les suites d'un acte répréhensible, ils se sentent responsables, mais plus coupables, et c'est cela qui est humaniser une déficience de conduite. C'est en assumer la responsabilité, mais pas d'être écrasé de culpabilité, et c'est l'amour de leur enfant qui les aide le plus.

Moi, j'ai beaucoup aidé des enfants qu'on

m'amenait. On m'avait au début caché. Oui, le père était parti; son métier l'avait appelé au dehors. Qu'est-ce que c'est que cette histoire?

« Ah, je voudrais vous parler toute seule. » Et alors on me raconte qu'il est en prison.

« Pourquoi ne l'avez-vous pas dit à l'enfant? »

D'ailleurs, les enfants le savent. Ils vous le disent dans les dessins sans savoir qu'ils vous le disent. Ils le savent inconsciemment. Il vaut beaucoup mieux qu'il y ait des mots dessus. Ils ont un trésor d'inventions pour excuser leurs parents.

Evidemment, ils mettent cela sur le dos du grand-père qui n'a pas élevé son enfant. Ce qui est souvent le cas d'ailleurs : ce sont souvent des hommes qui n'ont pas eu de père au moment de la socialisation à qui cela arrive.

Voilà comment il faut parler. C'est vrai que les gens sont quelquefois pris de court : ils ne peuvent pas le dire sur le moment à l'enfant parce qu'ils sont déjà trop émus eux-mêmes. Il faut qu'ils rattrapent cela en disant : « Tu étais trop petit; maintenant, je comprends que tu le sais bien; je ne vais pas continuer à te dire n'importe quoi toujours, parce que cela peut être long », etc.

Vous pensez, un enfant à cinq ans comprend tout! Il comprend les mots très bien.

Alors, il peut se passer un moment de révolte contre ce père : « Il est méchant, il est vilain.

– Tu crois, mais en grandissant tu comprendras peut-être mieux la situation. Tu ne t'es pas trompé en prenant ce père-là. (Justement puisqu'il est le vrai père. Ce n'est pas la même chose si ce n'est pas le vrai père, mais un amant de la mère).

Réponse. – *Elle ne peut pas dire cela (inaudible).*

F. D. – Cela n'a rien à voir : on peut être un fieffé pervers et avoir très bien fait des enfants. Non, ce n'est pas méchant. Je ne sais pas l'acte que cet homme a commis, mais il ne faut pas prendre des mots d'enfants. L'enfant dit : vilain, dit : méchant. « Ecoute ça, ce sont des mots d'enfant. Ce qu'a fait ton père, ce sont des choses de grande personne, tu peux difficilement comprendre, mais je t'interdis de dire que ton père est vilain et méchant. » Il est tombé dans un piège, le sien, mais il n'est pas méchant pour ça.

Il faut refuser absolument des mots de valeur méchant ou vilain. On entend souvent les enfants dire : « La maman est vilaine. » « Ecoute, ne la traite pas comme une guenon; c'est une femme : les guenons sont vilaines, mais les mamans, non. »

C'est vrai, ce sont des mots d'esthétique, des mots comme ça : vilain, qu'est-ce que cela veut dire ? Méchant ? Un chien méchant, attention ! Cela ne veut rien dire. « Il y a la loi, et ton père a oublié la loi. »

Les enfants aident énormément; ils sont aussi malins que nous, et aussi aimants que nous. Alors, ils comprennent. En quelque chose ils ont choisi leur destin, parfois difficile. Il faut leur dire : « Tu n'as pas choisi quelque chose de facile en naissant, et cela prouve que tu es à la hauteur; on va essayer d'y arriver », et puis voilà.

« *Vous avez parlé de la souffrance en disant qu'il fallait l'oublier pour que renaisse le désir.* »

F. D. – Non, je n'ai pas dit l'oublier, mais la dépasser, pour cela il faut parler. Et quand on parle, la souffrance, les pulsions en jeu s'apaisent du fait de la rencontre de quelqu'un qui écoute. De ce fait le désir ne cale plus devant une impossibilité de se satisfaire autrement que dans la morbidité de la souffrance, car se badigeonner le nombril avec sa souffrance, c'est une sorte de masturbation stérile comme toute masturbation. On se complaît dans sa souffrance si on ne la dit pas à quelqu'un qui vous en débarrasse. C'est difficile à comprendre, c'est que le désir se satisfait dans le masochisme de la souffrance, tout autant, mais à moindre bénéfice pour l'individu, et pour la société, que si ce désir se satisfait dans le plaisir partagé avec les autres (ou dans la peine partagée donc humanisée par le langage).

Il est évident que, lorsque quelqu'un gémit sans arrêt sur une souffrance qu'il a, ou qu'on veut la lui taire pour qu'il ne puisse pas en parler, comme par exemple vous avez posé une question sur les enfants myopathes, ou les enfants qui naissent infirmes, eh bien, il n'y a qu'une façon de faire avec l'enfant myopathe (l'épilepsie, c'est encore un autre problème), c'est de lui parler vrai et d'écouter ce qu'il veut ou peut en dire de son point de vue.

Mais l'enfant myopathe, dont le pronostic actuel est un pronostic fatal d'aggravation du mal, il faut le lui dire tout de suite : « Tu as une infirmité qui peut devenir de plus en plus grave; toi seul peux ressentir ce que tu ressens, et peut-être freiner l'évolution de ce mal, peut-être... et ce n'est pas certain. »

L'important, c'est de rester en communication avec les autres et, à partir du moment où l'on dit à quelqu'un quelle est son infirmité, il y a un trésor de surcompensation pour rester sujet, au lieu d'être individu charnel, de plus en plus objet des autres. Il y a toujours une possibilité de joie quand il y a communication avec les autres, mais les autres qui disent vrai, pas ceux qui font semblant : « Mais oui, cela ira mieux demain », alors qu'on sait que ce n'est pas vrai.

Peut-être que d'ici quelques années, on aura trouvé le moyen de guérir ou d'améliorer l'évolution des myopathes. C'est possible, et c'est pour cela qu'il est si important qu'ils puissent parler de leurs symptômes, et parler aussi des moments de variation du ressenti de leurs symptômes suivant les émois qu'ils ont. Ils aident à l'observation concernant les myopathes, et c'est cela qu'il faut leur dire : « Tu n'es pas seul. » Que les enfants infirmes ne se sentent pas seuls dans leur épreuve, qu'il y en ait d'autres, et qu'ils peuvent s'entraider les uns, les autres.

C'est pour cela qu'il est bon qu'ils soient avec d'autres, qui ont les mêmes troubles qu'eux, contrairement à ce qu'on croit, qu'il faut les élever à part, et pas avec les infirmes. Au contraire, ils sont moins malheureux s'ils sont avec d'autres comme eux, à condition qu'on continue de les visiter, et que ce soit clair qu'on sait qu'ils sont infirmes, et qu'on ne le leur cache pas, mais on peut ainsi leur donner tout le reste, ce qu'il y a pour un infirme dans la rencontre avec autrui, dans le plaisir de la vue, car il ont de grands plaisirs auditifs, de grands plaisirs visuels, plaisirs imaginaires. De tout cela, on peut parler avec eux. Un merveilleux film sur des enfants myopathes a passé quelques semaines sans avoir grand succès il y a une quinzaine d'années. C'était « Une infinie tendresse », je ne me rappelle pas le nom de son auteur.

« L'enfant face à la maladie grave. »

F. D. – Justement, il faut le lui dire tout de suite, lui dire : « Tout ce que tu ressens, tu peux m'en parler; c'est toi qui sais comment cela va; il faut que tu renseignes le médecin, et moi je le ferai si le médecin n'a pas le temps de t'écouter. » Il faut au moins qu'il ait parlé à quelqu'un.

Et puis, face à sa propre mort, je suis convaincue que la personne qui doit mourir sait qu'elle est bientôt en fin de vie. (Vous avez lu le livre de Ginette Raimbaud.) Ils sont ennuyés pour leurs parents. Il y en a beaucoup qui disent : « Dis à maman, elle ne veut pas croire, mais la semaine prochaine, je ne serai pas là quand elle reviendra. »

Pour eux, cela fait partie de leur bonne vie de s'en aller. Nous ne savons pas ce que c'est que la mort, mais l'enfant ne fait pas tout ce pathos autour de sa mort comme nous en faisons, parce que cela nous paraît dramatique une mort prématurée. Pour cet enfant qui va mourir, elle n'est pas prématurée, elle fait partie d'une évolution qu'il ressent, et il y a toujours un espoir d'après. Nous ne savons pas ce que c'est que cet espoir d'après pour l'enfant, mais il en parle : « Quand je serai mort, je ferai telle ou telle chose. » Mais, pourquoi pas ? Le laisser imaginer.

C'est toujours parler, mais pas lui parler, le laisser dire et imaginer, l'écouter, acquiescer. « C'est toi qui sait. »

Là on parle d'une personne de trente ans qui ne veut pas savoir qu'elle a une sclérose en plaques. Elle a peut-être bien raison parce qu'il y a des scléroses en plaques qui ont des rémissions tellement longues que les gens risquent de mourir écrasés dans la rue plutôt que de leur sclérose en plaques.

A trente ans, c'est complètement différent d'un enfant. Moi, je vous parle des enfants petits, dont nous savons, étant donné les connaissances scientifiques, qu'en effet ils sont atteints de quelque chose qu'on ne sait pas encore guérir, mais ils peuvent contribuer à ce que cette observation soit fine du fait qu'ils peuvent en parler. Et puis, s'ils ne veulent pas en parler : « Tu as bien raison de ne pas en parler. » Mais il ne faut pas leur cacher que nous savons l'épreuve dans laquelle ils sont et que, s'ils voient les parents pleurer, les parents leur disent pourquoi ils pleurent. « Je pleure parce que tu as une maladie qui m'inquiète puisqu'on ne sait pas comment la guérir », et ce sont les enfants qui consolent leurs parents à ce moment-là.

Il ne faut pas hésiter, vous qui êtes des infirmières, qui soignez ces enfants-là, à répondre : « Oui, puisque tu crois – l'enfant qui vous le dit ; c'est bien possible; comment comprends-tu cela? » Et c'est lui qui vous le dira. Ce sont les enfants qui nous expliquent.

« Qu'est-ce qu'il faut dire à ta mère? » C'était le cas pour un enfant, dont l'infirmière est venue me dire : « Cet enfant est en train de mourir, la mère est dans un état épouvantable. Alors, qu'est-ce qu'il faut dire à sa mère? Est-ce qu'il faut la prévenir, parce qu'elle va arriver dans huit jours, l'enfant sera mort, et elle n'a pas l'air de s'en douter du tout. » Elle voulait même le transporter d'hôpital en hôpital, trouver un autre médecin, etc.

Je lui ai dit : « Ecoutez, moi, je ne sais pas, mais l'enfant sait. Il connaît sa mère. Demandez-lui : " Qu'est-ce que tu crois qu'il faut dire à ta mère sur l'évolution de ta maladie? " » Et l'enfant lui a répondu : « Elle ne peut pas supporter que je vais mourir; alors, tu feras ce que tu pourras. »

En effet, elle a fait ce qu'elle a pu, c'est-à-dire pas grand-chose avec cette mère qui a été devant le fait accompli de son enfant mort. Il avait dit : « Tu diras à maman que je l'aime même quand je suis mort » (quand je suis mort, alors qu'il allait mourir peu de temps après).

Nous ne savons pas, nous qui sommes dans le vivant, nous nous projetons, et ce serait épouvantable pour nous, mais celui qui a à le vivre... cela fait partie du vivre que de mourir pour chacun de nous, et c'est beaucoup moins angoissant chez les enfants que chez les adultes, parce qu'ils n'ont pas de responsabilité. Ils ont un peu, comme celui-là, la responsabilité de sa mère, oui. Il avait pourtant son père, mais il ne s'inquiétait pas du tout pour son père. « Mon père, cela ne fait rien. » C'était sa mère dont il sentait le chagrin. Ecoutons les enfants.

Question. – Avec les enfants psychotiques, ou mongoliens, comment on doit faire?

F. D. – Mongolien surtout. Le leur dire à la naissance, tout de suite. Un des premiers enfants mongoliens qui s'en sort actuellement, c'est comme cela, et maintenant cela essaime autour, parce que la mère et le père ont su aider les médecins, il a été dès sa naissance averti de son anomalie génétique et l'enfant lui aussi assume sa trisomie.

Cette femme m'avait écrit en me disant : « Depuis la naissance de ma fille, je pleure sans arrêt, je ne sais que faire depuis trois jours; elle était à la clinique, elle est née trisomie 21. »

J'ai tout de suite répondu : « Dites à votre fille pourquoi vous pleurez, qu'elle est trisomie 21, et si vous pleurez, cela veut dire qu'elle n'est pas comme d'autres enfants dont on sait comment les élever, et ce qui vous fait pleurer, c'est que cette anomalie génétique – dites-lui le mot anomalie génétique – fait que je ne sais pas comment je pourrai t'élever, et j'ai peur que tu sois malheureuse. »

Les deux parents ont lu cette lettre; ils étaient à la clinique encore. Ils ont été tout à fait bouleversés par ma lettre, paraît-il. Ils m'ont écrit. J'ai vu cette enfant une ou deux fois depuis; ils habitent la province.

Les parents ont dit : qu'est-ce qu'on risque? On

va lui dire. Et ils ont vu le sourire extraordinaire de ce bébé de cinq jours quand la lettre est revenue, et à partir de là une communication incroyable avec cette enfant, qui est d'une intelligence! Elle est mongolienne, très mongolienne d'aspect, mais tout à fait active, vivante, plus dynamique et plus vivante que beaucoup d'enfants qui ne sont pas trimosie 21. Et chaque fois qu'il y a une difficulté, sa mère lui dit : « Toi, tu sais, fais-moi comprendre ce qu'il faut que je fasse pour toi. » C'est tout. Il y a une confiance totale.

La petite a donc été mise en maternelle, parce qu'elle avait envie d'être avec d'autres enfants. La mère avait trouvé une petite école dans laquelle on l'avait acceptée, une espèce de crèche pour enfants grands; elle, naine au milieu des autres, comme beaucoup de mongoliens qui ne grandissent pas.

Alors, une dame a dit : « Elle a tout de même une drôle de tête, cette petite. » Et la petite est venue vers elle, et lui a baragouiné, parce qu'elle avait à ce moment-là des difficultés à parler, maintenant elle parle très bien, elle avait à ce moment-là vingt-six, vingt-sept mois, elle parlait mal et elle a dit à cette femme « parce que je suis trisomie 21 ».

La dame a dit : « Quoi, qu'est-ce qu'elle me dit?

– Elle vous dit que c'est parce qu'elle est mongolienne, trisomie 21, dit la maîtresse.

– Comment? Et puis, elle le sait! »

En effet. Eh bien, moi, j'ai eu l'occasion de la voir deux fois. Ces gens sont venus à la Maison Verte quand elle avait deux ans et demi, et la mère était enceinte d'un autre enfant. Le père m'a dit :

« Le médecin veut absolument que nous fassions une amniocentèse pour savoir si cet enfant sera mongolien, mais moi, j'ai eu une scène épouvantable avec l'accoucheur parce que je lui ai dit que, si cela doit être un mongolien, cela le sera; nous avons tellement de joie avec cette fille que, même si le second doit être mongolien, moi je ne veux pas avorter cet enfant. »

Le médecin a dit : « Moi, je refuse de vous faire une amniocentèse parce que, si je la fais, c'est pour que vous ne laissiez pas naître un enfant mongolien. »

Un enfant mongolien, on sait très bien ce que c'est, on sait que c'est une anomalie génétique qui fait qu'il y a un acide aminé, dont la synthèse ne se fait pas (un peu comme les diabétiques ne font pas la synthèse du sucre) et, à cause de cela, il y a le vieillissement des cellules nobles du cerveau, et un vieillissement beaucoup plus grand, et rapide, de ces individus humains sur le plan charnel. Mais leur esprit, le sujet, est quelquefois lumineux, intelligent, bon, très intéressant. Et c'est le cas.

Finalement, ils n'ont pas fait d'amniocentèse. Je ne sais pas ce qu'ils ont fait plus tard. Et quand le fœtus avait sept mois, la petite a demandé à son père : « Le bébé que maman attend, est-ce qu'il sera comme moi ? » Le père a répondu : « Je ne sais pas », et il n'a plus rien dit. Et puis, ils sont allés à l'hôpital pour l'échographie. La petite l'avait ressenti, alors qu'elle savait qu'ils allaient à l'hôpital, c'est tout.

Quand ils sont revenus, elle a pris son père à part, et lui a dit : « Qu'est-ce qu'il a dit, le docteur ? Est-ce qu'il sera comme moi ? » Et le père lui a dit :

« Non, il ne sera pas mongolien, il ne sera pas trisomie 21, et c'est un garçon.

– Un garçon, c'est bien, mais c'est triste qu'il ne soit pas comme moi.

– Oui, tu te sentiras isolée. »

Et puis, elle n'a plus rien dit. Et puis quand le petit frère est né, elle était émue et elle s'est beaucoup intéressée à lui.

Je l'ai vue, le petit frère avait dix-huit mois, et elle avait la taille de ce petit frère de dix-huit mois; elle avait trois ans et demi, quatre ans, mais elle était restée petite.

En effet, cela fait partie du mongolisme de ne pas se développer en taille.

J'avais remarqué que la mère était beaucoup attentionnée à cette fille, presque trop, plus qu'à son fils pour qui elle n'avait pas le même intérêt maternel. Pour que sa fille ne souffre pas, peut-être. Alors, j'en ai parlé. Je lui ai dit : « Ecoute, je trouve que ta mère fait trop attention à toi, que ton frère est aussi intéressant que toi, bien qu'il ne soit pas mongolien (je lui ai parlé exactement comme ça puisque je les voyais à la Maison Verte). Et je ne sais pas si c'est pour ça que tu restes petite. En effet, d'être trisomie 21, pour beaucoup d'enfants, les empêche de grandir, mais je vois que tu as tellement envie de prendre la place de ton frère que c'est peut-être aussi cela qui t'empêche de grandir pour être de deux ans de moins que tu as. »

Elle m'a regardée avec un œil noir, elle m'a dit : « Je te déteste ». Et puis, elle est partie.

La mère m'a écrit trois mois après : elle a changé trois fois de pointures de chaussures dans l'été, et elle a complètement rattrapé la taille de son âge pendant les quatre mois d'été. Est-ce le fait de cette vérité que j'avais soulevée, le désir non dit mais agissant de prendre la place, taille (âge) corps (lieu) de son jeune frère de deux ans?

La mère m'a dit : « Comme vous aviez raison; j'ai réfléchi avec mon mari en revenant : c'est vrai que, quand le petit fait quelque chose, c'est naturel qu'il le fasse, tandis qu'elle, quand elle fait quelque chose, tout de suite, nous en faisons tout un plat. » Ils ont changé là-dessus, et cela a été beaucoup mieux.

Ce qui a été intéressant – là aussi, c'est une leçon – c'est qu'elle était donc en première classe d'une petite école privée qui l'avait acceptée, ou au contraire dans l'école publique, je ne sais plus, en tout cas, la maîtresse de la deuxième classe ne voulait pas la prendre l'année suivante. La maîtresse avait dit : « Moi, je ne veux pas d'une tête comme ça dans ma classe; cela me lève le cœur des enfants comme ça. » La mère en était bouleversée.

J'ai dit à la mère : « Vous en avez de la chance qu'elle l'ait dit. » Il y en a bien d'autres qui auraient dit : « Mais, bien sûr, un enfant handicapé, il se sentira bien chez nous, etc. » C'eut été de l'hypocrisie pure. Je l'ai dit devant l'enfant. Ta mère et toi, vous avez eu de la chance que cette maîtresse ait dit qu'elle ne voulait pas de toi, parce que, tu le sais que tu es trisomie 21; tu n'es pas comme les autres enfants : c'est à toi de te faire ta place en te faisant aimer. Tu n'y arriveras pas avec celle-là, tant pis pour elle. Ta mère trouvera bien une autre école. »

Elle a en effet trouvé une autre école privée : « Mais, bien sûr, une enfant handicapée, on en veut bien, etc. »

Alors, on l'a inscrite. Mais, entre-temps, ce que j'avais dit avait porté et, en trois mois de temps – cela avait lieu à Pâques – comment cette enfant a-t-elle fait ? C'est souvent le cas : les gens les plus résistants, et qui disent leur résistance, quand on est content qu'ils l'aient dite, on peut travailler avec. Quoi qu'elle ait fait, la maîtresse de la seconde classe a dit : « Vous savez, j'ai vu cette enfant en récréation, elle est vraiment étonnante, et puis attachante parce qu'elle n'en veut à personne quand elle est agressée, et elle entre toujours dans le groupe pour être associée au groupe, et peu à peu tous l'intègrent. Elle est même un peu un leader. Moi, je la veux bien ; j'ai changé d'avis maintenant, je veux bien prendre votre fille, si vous voulez bien, et je m'excuse de ce que je vous ai dit. »

La mère lui a répondu : « Vous avez eu tout à fait raison, et je vous remercie de l'avoir dit. Cela nous a beaucoup aidés, et cela a aidé ma fille à accepter qu'il y ait des gens qui ne veulent pas d'elle. » (Parce qu'ils l'avaient un peu trop entourée.)

Je vous disais tout cela à cause de l'infirmité, à cause, par exemple, du racisme. C'est important, le racisme, les enfants ont à souffrir du racisme. Il ne faut pas dire que ce n'est pas vrai, il faut leur dire la vérité : « Oui, c'est vrai, tu as à remonter un handicap. » On ne leur dit pas comme ça, mais il faut le leur expliquer. « Tu es noir », ou « Tu es métis, et il y a des classes d'enfants qui vont te le reprocher. Tu n'as, toi, qu'à te faire apprécier, et ils verront qu'ils se sont trompés, et qu'ils sont bêtes. »

C'est comme cela que vous aidez un enfant; de même pour une infirmité; de même pour une marginalité d'apparence.

Vous me direz : « A quoi cela sert-il ? » Parce que c'est sur la vérité qu'on construit, ce n'est pas sur l'hypocrisie. Or, c'est de l'hypocrisie de faire semblant que, parce que la maîtresse va aider, les enfants vont s'intégrer. Pas du tout, il faut parler le problème du racisme urbi et orbi dans une classe, même de tout-petits. Mettre des mots justes sur ce que l'enfant vit.

Par exemple, les enfants d'une pouponnière de l'assistance publique où ils sont tous abandonnés, la DDASS comme on dit maintenant, vont à la maternelle du patelin, et un des enfants dont je m'occupais me dit : « Tous les enfants sont contre nous, quand le car de la pouponnière arrive, tous les enfants nous attendent pour nous tomber dessus. »

Il y a une lutte entre le petit groupe « pouponnière » et le groupe des enfants qui sont déjà arrivés, ceux que leurs parents ont conduits à l'école.

Je réfléchissais avec cet enfant, qui était en fin de cure avec moi, il avait trois ans – on me l'avait amené pour soi-disant psychose, mutisme, retardé en tout, etc. Cela venait de ce que son histoire ne lui avait pas été clarifiée; personne ne la connaît, et c'est lui qui la connaissait, qui peu à peu l'a exprimée en séance.

Je lui ai dit : « C'est intéressant, ce que tu me dis

là. Je me demande si les enfants de l'école ne sont pas jaloux des enfants de la pouponnière, parce que tu vois, eux, s'ils n'avaient pas leur papa et leur maman, ils ne pourraient pas vivre, et vous, vous êtes tous des enfants, dont ils savent que vous n'avez pas de papa et de maman, et vous vivez très bien. Alors, peut-être que c'est ça. »

Je lui ai dit cela, et il n'a pas répondu. Il a continué ses séances. « En tout cas, c'est vrai qu'ils ne sont pas comme les autres, puisqu'on sait qu'ils sont des enfants sans parents, et dont certains d'entre eux vont être adoptés. » Et cela se sait à l'école : « Untel n'est plus là, il a trouvé un papa et une maman. » Cela se dit comme ça à l'école. Alors, les autres enfants : « Tiens, il a trouvé un papa et une maman, celui-là ! » Evidemment, la maîtresse ne fait pas un cours sur l'adoption, mais ça se dit.

Je n'ai pas su du tout ce qui s'est passé. J'ai su simplement que cet enfant s'intégrait tout à fait à l'école, etc. Je l'ai su deux ans après, parce que cet enfant a été adopté, et que les parents adoptifs sont venus me voir pour savoir ce qui s'était passé, pour la suite de sa vie, et ils étaient allés voir la maîtresse pour savoir son niveau, ce qu'elle conseillait pour la scolarité, etc. – c'est donc un an avant –, et la maîtresse leur a dit : « Vous savez, c'est extraordinaire, cet enfant-là, au début, il a dû être soigné parce qu'il était tellement instable, personne ne pouvait le garder à l'école, mais après c'était un enfant qui était vraiment le leader de la classe, d'une sensibilité, d'une intelligence ! », ce que la mère adoptive d'ailleurs a bien retrouvé. Et elle a ajouté : « J'ai eu beaucoup de chagrin quand il est parti. Figurez-vous que c'est la seule année où il n'y a pas eu d'histoires entre les enfants de la classe et les enfants de la pouponnière. Eh bien, c'était grâce à lui. Je m'arrangeais, quand j'y arrivais, pour que les enfants n'arrivent pas ensemble. Je disais au chauffeur du car : " Arrivez trois minutes après pour que tout le monde soit dans la classe et qu'il n'y ait pas de bagarre. " La bagarre il paraît que c'est connu tous les ans, cette année-là, comme toutes les autres.

« J'essayais de stabiliser dans la classe, et un jour, ce n'était pas bien organisé, et ce petit a dit : " Vous savez, madame, je crois que je sais pourquoi ils nous font la guerre, à nous ceux de la " pouponnière " (sic).

– Ah, oui, pourquoi?

– Je crois que c'est parce qu'ils sont jaloux. " »

Il a répété ce que je lui avais dit, probablement un ou deux mois avant.

Et la maîtresse a dit à cette mère adoptive : « Vous auriez entendu une mouche voler. Les enfants se sont tus; un ange passait. » Et plus jamais ils n'ont attaqué ceux de la pouponnière même quand le car arrivait, et qu'ils n'étaient pas rentrés en classe. Pour cette année scolaire, il n'y a plus eu d'histoires, parce que c'était vrai : ces enfants étaient jaloux de ceux qui n'avaient pas besoin de papa-maman pour vivre heureux. C'est formidable ! »

Il faut arriver à comprendre : quand quelque chose est vrai, cela libère du symptôme, quand c'est dit. Or, c'était un symptôme de jalousie : les enfants avec parents étaient jaloux de ceux qui n'en avaient pas, et qui vivaient très bien.

C'est la même chose avec un enfant mongolien : il se permet de bien vivre, différent des autres, ce n'est pas possible ! ou avec un enfant chétif ou infirme.

Voilà comment vous pouvez aider un enfant qui est marqué par une épreuve qui se voit. L'important, c'est ce qu'il vit, c'est comment, lui, il aime les autres, ce n'est pas du tout qu'il soit aimé. Si nous les élevons ainsi : « L'important, c'est qui tu aimes, toi, que les autres t'aiment ou ne t'aiment pas, c'est comme cela que tu seras heureux, toi. »

Il ne faut pas être maso pour cela, il ne faut pas aller leur faire la cour ; se défendre de ceux qui vous font du mal, mais pas pour cela se mettre à les détester, cela ne sert absolument à rien qu'à perdre des énergies.

Et la même chose pour quelqu'un d'infirme : il n'a pas d'énergie à perdre, alors qu'il ne perde pas d'énergie à ça. C'est cela qui est très important dans une éducation dynamique.

Là, il y a un grand malheur. Quelqu'un me dit : « Nous avons perdu une petite fille de quatre ans, accidentellement noyée. J'aimerais que vous nous parliez de ce que nous devons dire aux enfants qui restent, deux aînées de douze et neuf ans. »

F. D. – Qui restent ? Qui continuent leur vie, ce n'est pas un reste.

« Douze et neuf ans, très choquées par cet accident. »

Je ne crois pas qu'on puisse dire quelque chose. Elles le savent, c'est un accident, il faut les laisser parler de tout ce qu'elles imaginent. C'est tout, on ne peut rien dire, et si l'une d'elles dit quelque chose en rapport avec la culpabilité : « Tu crois que si on avait été plus gentil avec elle... ? » les écouter.

Les gens se reprochent. Les enfants font des rêves où ils se sentent coupables, des rêves où eux-mêmes sont peut-être l'agent de la mort de celui qui est mort, dans un rêve. Eh bien, là, c'est un rêve tout à fait sain et normal. Et d'ailleurs, vous allez bien le comprendre.

Dans nos rites de deuil, et dans tous les rites de deuil de toutes les ethnies, c'est pareil; quand quelqu'un est mort, on joue à être d'accord avec la mort. Par exemple, nous, nous mettons le cercueil en terre, et chacun qui aimait ce mort lui jette un peu de terre. Donc, il est d'accord, il l'enterre lui-même. C'est un rite de deuil, cela veut dire : « Je suis d'accord avec la mort. » Et ceci se rêve souvent en étant comme responsable par son comportement. On a l'air d'être sain quand on enterre quelqu'un et qu'on lui met une pelletée de terre : « Oui, je suis d'accord », alors que la personne qui aime dirait : « Mais, ne le mettez pas dans la terre », au contraire. On oblige les gens à faire un rite d'accord avec le destin cruel pour eux.

Ça, cela se rêve chez les enfants sous forme de ce que c'est à cause d'eux. Désir de puissance magique de maîtriser la vie, parce que la mort, c'est aussi la vie, il n'y a pas de vie sans mort, il n'y a pas de mort sans vie. C'est quelque chose qui est autour de notre inconscient, qui veut être puissant sur les phénomènes de la vie et de la mort, qui voudrait, bien que cela soit très pénible, au moins en être maître. Et c'est une des explications de ces rêves très douloureux où on a l'air d'être l'agent de la mort de ceux qu'on aime le plus. C'est justement à cause de la souffrance de cette mauvaise surprise à laquelle on ne pouvait pas s'attendre, et que le destin nous a faite, et c'est tellement douloureux cette impuissance qu'un rêve essaie de combler cette impuissance en disant : « Non, non, c'est toi qui l'as voulu, tu es d'accord avec. »

C'est là qu'il faudra rassurer ces deux filles de douze et neuf ans. La seule chose qu'on peut leur dire, c'est que personne ne savait que cette petite fille avait fini de vivre, que c'est un accident qui a eu l'air pour nous de lui donner la mort, mais qu'en réalité elle avait fini de vivre dans son corps. Ce qui veut dire que nous ne savons pas ce que cela veut dire par rapport à l'être. Toutes les religions y répondent d'une façon ou d'une autre. Selon leur foi, les parents répondront pour l'après-vie physique. Mais, c'est tout ce qu'on peut dire. Devant un malheur, on est tous devant la même épreuve, que chacun dit d'une façon différente. Il faut que les enfants puissent en parler si elles posent la question ou si elles parlent. « Oui, c'est une façon de faire le deuil ! oui, c'est douloureux, etc ».

Une manière de faire le deuil aussi, c'est de s'approprier les choses de l'autre. Il ne faut pas empêcher ces enfants de choisir ce qu'elles veulent garder de leur frère ou sœur, au lieu de dire : « Non, non, il ne faut pas que tu prennes les choses de ta sœur, de ton frère », comme si c'était coupable d'en profiter. Au contraire, si les survivants peuvent profiter de trucs qu'ils enviaient, et qu'avait cet enfant décédé, il faut les en féliciter. « Elle est moins morte du fait que tu peux jouer avec les choses qu'elle avait », ou « que tu aimes les choses qu'elle avait. » Il faut les soutenir dans cette incorporation des objets partiels, qui faisaient partie de la joie de leur sœur morte.

Tout cela doit vous étonner parce que c'est un peu contradictoire à ce qu'on dirait : ce serait coupable, soi-disant : « Ah, non, c'était à elle, on va le donner, mais vous n'allez pas jouer avec. »

C'est une grosse erreur. C'est possible que ce soit parce que cela fait de la peine à la mère, ou au père, de voir la mort d'un enfant comme « profitant » aux autres. Mais, c'est exactement comme l'adulte : il perd ses parents qui lui sont chers, mais il a un héritage (à moins qu'il n'aime pas le défunt, sa mort l'indiffère ou le soulage. On attend la mort de la tante à héritage). Quand ce sont vos propres parents qui vous ont laissé du bien, on aurait mieux aimé qu'ils vivent que de vous laisser du bien, n'empêche qu'on n'est pas mécontent qu'ils vous aient laissé du bien, qui représente de quoi vivre un peu mieux, matériellement.

De cela, on est content, on les remercie par-delà la mort de profiter de leur héritage, pourquoi pas ? Les objets sont parfois porteurs d'amour.

C'est exactement la même chose pour les enfants, pour un petit frère ou une petite sœur, ou un grand frère ou une grande sœur qui est mort : ils se partagent ce qu'il ou elle a laissé pour que cela reste vivant de faire plaisir à des vivants, et ils s'en servent pour soutenir l'évolution et le jeu de leurs pulsions. La vie continue.

« *Des travailleurs sociaux, chargés d'enquêter dans des familles où les parents divorcent, afin de donner leur avis sur la garde des enfants au père ou à la mère (ce n'est pas de donner leur avis aux parents, c'est de donner l'avis sur la garde des enfants, qu'ils soient donnés au père ou à la mère), se demandent s'ils doivent dire la vérité aux enfants compte tenu qu'ils passent peu de temps au contact de la famille, et que parfois les parents eux-mêmes sont réticents à parler de la séparation* » (de la séparation prochaine?).

F. D. – « Les travailleurs sociaux sont chargés de quoi? » « D'enquêter, par le juge? »

Réponse. – « Oui. »

F. D. – « Les enfants voient une personne étrangère qui vient dans la famille, et qui ne dit pas ce qu'elle vient faire? »

Réponse. – « Pas toujours. »

F. D. – « Eh bien, c'est un tort. De quel droit vient-elle espionner dans une famille si elle n'est pas chargée par quelqu'un, qui a le droit de l'en avoir chargée, et qu'elle est payée pour cela? et dans le but de servir aussi bien la justice que la famille et chacun de ses membres. »

Justement, c'est une des erreurs de notre époque. Il faut dire aux parents : « Je suis payée par le juge pour faire une enquête. » Et à l'enfant : « Tu ne sais pas ce que c'est que le juge. Le juge, c'est quelqu'un qui décide dans les choses graves. Tes parents sont en ce moment en difficulté grave entre eux, et ils pensent qu'ils vont peut-être se séparer. Cela s'appellera peut-être un divorce. Quand il y a un divorce, c'est le juge, puisque vous êtes des citoyens français, qui doit décider, avec les parents, où vont aller dans le temps principal – ce n'est pas la garde – (il y a le temps principal et le temps secondaire) les enfants, avec l'un ou avec l'autre. Le juge me paie pour arriver à savoir cela. Si tu as une opinion, tu me la dis. Je ne la répéterai pas, je ne la répéterai qu'au juge. D'ailleurs, il décidera ce qu'il voudra, bien que tu m'aies dit ce que tu veux, toi. Mais, qu'est-ce que tu aimerais ? Rester dans cet appartement ? Aller ailleurs ? »

Presque toujours, les enfants ne disent pas avec qui ils veulent aller si on ne leur pose pas la question. Si on leur pose la question, ils sont obligés de répondre ou le père ou la mère, mais si on leur dit : « Est-ce que tu veux rester ici, ou aller dans un autre endroit, changer d'école ? » Il y en a qui diront : « Oui, je voudrais changer d'école. » Bon, alors, c'est cela qui fera que le temps principal, le temps scolaire, sera avec un des parents : le père ou la mère. L'enfant ne l'a pas dit. Il a dit qu'il serait content de changer d'école. Cela veut dire que le climat dans lequel il est, dans son ensemble, ne lui plaît pas. Si, au contraire, il dit qu'il veut rester à la maison, qu'il veut rester à la même école : « Bon, on va voir si c'est possible avec les décisions du juge ; tu as bien fait de me le dire. » Et puis, c'est tout. Mais vous ne pouvez pas ne pas dire aux enfants. Vous n'êtes pas en droit de faire quelque chose. Et il faut le dire aux parents : « N'est-ce pas, madame, vous saviez que je devais venir aujourd'hui ? Et si vous ne le saviez pas, préparez vos enfants, je reviendrai dans huit jours. »

C'est très important de ne pas faire par surprise ni en cachette ces choses-là, si importantes.

Nous avons fait une enquête auprès d'enfants, devenus grands, qui ont été des enfants de parents divorcés, dans un lycée. Cela a été rocambolesque, parce que la directrice, au lieu d'expliquer ce que nous venions faire, c'est-à-dire recevoir des conseils et des avis de ceux qui avaient souffert du divorce de leurs parents, qui étaient des garçons et des filles d'au moins 17 ans, des classes de seconde et de première, elle leur a dit : « Ils viennent vous dire vos droits », alors que nous venions faire une enquête auprès des enfants en leur demandant ce qui les avait fait le plus souffrir dans le divorce, et ce qu'ils pouvaient nous dire pour aider des enfants, qui ont l'âge qu'ils avaient à cette époque-là, ce que la société pourrait faire qui les ferait moins souffrir, si c'est possible. Donc, c'étaient nous qui étions là pour une enquête, nous les demandeurs.

Cela a été long pour que les jeunes qui étaient là comprennent le sens de notre présence et de notre demande mais ceux qui ont compris nous ont dit des choses qui nous ont vraiment beaucoup inté-ressés.

Nous étions trois à faire cette enquête dans un lycée de milieu cadres, et l'autre dans un lycée de milieu ouvriers.

C'était très très intéressant de voir d'abord la différence.

Pour le milieu ouvriers, c'était le déshonneur que le père ne se soit pas montré responsable de ses enfants, au contraire de ceux dont le père a continué d'être responsable de ses enfants le dimanche, de les recevoir, de les initier à sa vie de loisirs, à sa vie intéressante, bien qu'ils soient avec la mère. D'ailleurs, pendant une période, la mère n'avait pas voulu qu'ils voient leur père. Leur père a dit : « Je comprends ta mère, mais j'ai envoyé l'argent. Est-ce qu'elle te le disait ? » « Non. » « Eh bien, j'ai envoyé l'argent, je peux te le dire, et ta mère en a la preuve par les mandats. Et le juge a dit que je devais vous voir. Ta mère le sait. »

C'est le fait de l'irresponsabilité du père qui les choquait en grandissant, ce n'est pas du tout le fait qu'il soit divorcé. Ils avaient souffert de ce que la mère n'avait pas expliqué. Elle n'en parlait pas. Elle ne disait pas que le père envoyait un mandat tous les mois. Elle ne voulait pas que les enfants aillent le voir; c'était une histoire avec la belle-famille. C'est presque toujours une histoire avec les parents. On voit que les histoires de divorce sont très souvent des histoires de jalousie de femelle ou de mâle, ou des histoires de rivalité entre les belles-mères, entre les grands-mères, des histoires comme cela, la mère de l'homme ayant mis le grapin dessus au moment d'une grossesse, et puis il a fait une régression, un peu choqué de ne pas avoir eu l'enfant qu'il voulait, ou de voir sa femme changer.

C'est au moment d'une naissance, au moment d'une difficulté avec un enfant que, très souvent, la mère de l'un ou de l'autre en profite pour rejouer son jeu, sa carte, pour reprendre son enfant qui, maintenant, est père ou mère, et d'essayer de le faire divorcer, pour s'occuper des petits-enfants. Cela est très fréquent. Presque tous les enfants ont eu cette histoire-là et parlent plus tard des tensions avec les grands-mères ou entre les familles d'un côté ou de l'autre, beaucoup plus que lorsque les parents se sont remariés, et qu'ils n'ont plus de griefs l'un contre l'autre, c'est du passé. Mais ce qui est resté marqué pour les enfants, c'est la difficulté avec la famille paternelle ou maternelle, du fait que, lorsqu'ils la voyaient, on disait du mal d'un des parents, l'autre bien sûr, pas celui qui était dans leur famille.

Donc, je vous dis : les personnes qui sont chargées par le juge doivent déclarer leur couleur, doivent dire ce qu'elles font, et si l'enfant ne veut pas leur répondre, il a raison. Il le dira : « Non, je ne veux rien vous dire. » N'insistez pas.

Question. – *La question avait d'autres aspects. Elle raconte qu'elle n'a pas su quoi répondre quand elle a entendu la maman dire devant l'enfant : « Oui, on va décider où tu iras, si ce sera chez moi ou ton père, et moi, je ne serai plus ta maman. » C'était tellement violent que l'assistante sociale qui était là n'a pas su quoi répondre. Elle se demandait si elle n'était pas coupable d'être là.*

F. D. – Non, pas du tout, elle avait tout à fait raison : si l'enfant allait avec son père, elle n'était plus sa maman, mais elle restait sa mère, sa mère de naissance. Ce n'est pas du tout le même mot. Un enfant a toujours sa mère de naissance, mais il n'a plus la même maman, puisqu'il sera avec la Juliette du père. Il aura la Juliette du père, pour maman, compagne de papa, mais sa mère est toujours sa mère de naissance et sa maman d'autrefois, sa maman de bébé. Il aura une maman de grand garçon, à côté de son père.

De mamans, on peut en avoir trente-six, idem pour les papas. D'ailleurs, il y a des enfants à l'école qui disent à la maîtresse : « Moi, j'ai trois papas ». Il ne faut pas que la maîtresse se laisse dérouter, parce que celui qui n'en a qu'un, il est jaloux de celui qui en a trois. Il suffit de dire : « Il a trois papas, mais il n'a qu'un père de naissance, comme tout le monde, et peut-être même qu'il ne le connaît pas. Cela arrive, il y en a parmi nous qui ne connaissent pas leur père de naissance », (beaucoup). Mais ils ont toujours connu un papa, ou un supposé papa.

Le mot papa est tellement un mot de rôle, pas du tout de fait dans la réalité, légale ou génétique. Il y a des pères qui s'occupent de leur enfant, parce qu'ils restent à la maison, pendant que la mère part le matin, revient le soir après les premières semaines qui suivent la naissance – il y a des pères qui sont des pères nourriciers de leur bébé, parce qu'ils ont un travail à domicile, ou parce qu'ils sont chômeurs, ou parce qu'ils préparent leur thèse, alors que leur femme est obligée d'aller travailler et de revenir le soir – nous en avons eu d'ailleurs plusieurs à la Maison Verte –, eh bien, ces pères, leur enfant les appelle « maman », et leur mère « papa ».

Il y en a qui m'ont écrit – c'était au moment où je parlais à la radio –, je ne sais pas ce qui avait pu se dire la fois d'avant, la même semaine, trois pères ont écrit, inquiets, à la personne qui faisait l'émission, qui était moi à ce moment-là, en disant : « C'est moi qui m'occupe de mon bébé, maintenant qu'il parle, impossible de lui faire m'appeler papa, il m'appelle maman, et il appelle sa mère papa. »

J'ai écrit aux trois en leur disant : « Demandez à votre enfant, fille ou garçon, qui est le monsieur et qui est la dame. » Il n'y a pas d'erreur : papa, c'est la dame, et maman, c'est le monsieur.

C'est un rôle : mamma, cela veut dire qui vient en moi pour me faire moi. C'est mou, mamma, c'est la nourriture, cela passe dans le tube digestif qui est malléable, et tout ça, tandis que papa, c'est la dureté du départ, avec de la peine que cette personne s'en aille et revienne; c'est quelque chose de dur, le départ, et dans toutes les langues.

Le mot papa, c'est celui qui veut dire la personne qu'on aime, qui s'en va, qui revient (il y a une rupture), tandis que maman, c'est le continuum. Mais le père de naissance, c'est un homme, et la mère de naissance, c'est une femme, mais ce n'est pas toujours une maman. Bien des mères de naissance ne sont pas des mamans, et bien des mamans sont plus maternelles que des mères de naissance. Elles ont le rôle de maman, parce qu'elles s'occupent de l'enfant.

Vous entendez dire : « Mais, ce n'est pas une mère, cette femme-là! » C'est complètement idiot, ce raisonnement : elle est la mère de cet enfant, c'est celle qui lui est indispensable; c'est celle qui lui est bonne pour lui. Ces gens se trompent en disant : « Ce n'est pas une mère, une mère, ce n'est pas comme ça », parce qu'ils ont des engrammes de quand ils étaient petits; leur maman était autrement. La mère est coexistentielle à son enfant. Elle est comme elle est, cette mère de naissance. Elle peut n'être pas une maman. D'ailleurs, c'est vrai qu'il y a des mères de naissance, qui ne sont pas des mamans de zéro à trois ans, et qui deviennent des mamans très bonnes pour des enfants de trois à huit. On n'est pas doué pour tous les âges d'enfants!

Il faut que vous ayez ce vocabulaire qui, pour les enfants, est très clair. N'importe quelle femme qui, quand on lui demande son goûter, vous le donne, c'est une maman. N'importe qui, qui vous donne des soins sans trop vous brusquer, c'est une maman. Mais la mère de naissance, c'est tout autre chose. Les enfants savent très bien qu'ils n'en ont eu qu'une, et le père de naissance de même. Tels ils sont, ils sont respectables comme sa vie.

C'est cela qu'il faut répondre à ces enfants quand la mère dit : « Tu changeras de maman. » C'est un chantage pour qu'il reste avec elle. Il faut dire : « N'écoute pas ta mère, elle sera toujours ta mère, tu n'en as qu'une, même si tu changes de maman, et que ton père a d'autres femmes. » Voilà, aucune importance.

Quand c'est dit comme ça, l'enfant saisit tout de suite et il console sa mère. Il dit : « Tu sais, je voudrais aller avec papa, mais ce n'est pas que je t'oublierai. » Sa mère pleure un bon coup. Mais c'est quand même très dommage actuellement qu'on laisse les enfants, qui veulent aller avec le père, et que le père veut bien prendre, qu'on les laisse avec la mère, à partir de cinq ans, le garçon surtout. Même une fille, s'il y a une femme qui vit avec le père.

L'important pour l'enfant, c'est de continuer sa vie sociale là où il était. En fait, c'est là où l'enfant a besoin, à partir de l'âge social, de rester. C'est là où il avait sa vie sociale commencée.

Quand les deux parents vont à des endroits différents, c'est plutôt le garçon vers le père, et la fille vers la mère, pour apprendre à vivre en homme, et pour apprendre à vivre en femme, surtout si les deux peuvent refaire leur couple. Aller avec quelqu'un qui ne refait pas son couple, c'est dangereux pour un enfant.

Tout cela est contradictoire à la loi puisque, quand les parents sont en cours de séparation, celui-là est en faute qui se promène avec son enfant, avec un conjoint éventuel, enfin un amant, ou une amante. C'est stupide parce que l'enfant est beaucoup plus en sécurité avec un homme qui a une femme avec lui, ou une femme qui a un homme avec elle, beaucoup plus. La loi est tout à fait en contradiction avec ce qui est bon pour l'enfant.

Pour l'enfant, il faut avoir une expression quand un homme a une femme avec lui, qu'il est en couple, qu'il sort ses enfants du divorce; il faut que ce soit " une fiancée " s'il n'est pas marié. Les enfants comprennent des mots qui ont un sens. C'est une fiancée. Alors, si c'est une fiancée, ils pardonnent qu'ils se bécotent, qu'ils couchent ensemble, n'importe quoi, qu'ils se tutoient, qu'ils se prennent par le bras mais, si ce n'est pas une fiancée : « De quoi est-ce qu'elle se permet de jouer à être la femme à mon papa ? » Fiancée, oui. Et puis, si elle change tous les quinze jours : « Papa change très souvent de fiancée. »

Il y a une question sur l'insémination artificielle.

Question. – *Les personnes qui s'occupent de cela partent du principe bien établi qu'il ne faut surtout pas que l'enfant le sache jamais.*

F. D. – Alors que pensent-ils qui doit être dit à l'enfant quand il posera une question ?

Réponse. – Que c'est l'enfant du mari de la femme. En France, l'insémination artificielle avec donneur ne se fait que dans les couples mariés, ce n'est pas du tout évident que cela dure.

F. D. – Ah oui, vous parlez des couples mariés. Bien sûr, il n'y a qu'un père, c'est le père légal.

La mère porteuse est déjà mère pendant neuf mois, mais le père d'une seconde d'insémination n'est pas un père. Il est le frère humain du père légal, qui a donné son sperme pour ce père-là d'ailleurs. En tout cas, si l'enfant en est né, cela prouve qu'il veut naître d'une situation qui est celle-là. Il n'est même pas en mesure de le savoir. Il a choisi de naître dans cette condition où il y avait déjà au départ un père légal qui avant même sa naissance le désirait, et une mère légale qui le désirait, dans l'amour de son conjoint, physiquement stérile.

C'est tout à fait vrai, il est le fils du père et de la

mère, qui a désiré cet enfant de son père légal, de son mari, et qui, avec l'autorisation du mari, a eu le sperme d'un autre.

Je crois que, si personne ne le sait, c'est possible, mais si quelqu'un le sait dans les relations des parents, l'enfant le saura un jour, parce que, par mauvaise intention, il y a toujours un jour des jalousies, surtout si l'enfant est réussi. S'il est un peu raté, il n'y aura personne pour le lui dire, mais s'il est réussi, il y aura des jalousies et quelqu'un le lui dira.

C'est dans ce sens-là qu'une fois l'âge où l'enfant entendrait quelqu'un le dire, et qu'il poserait la question, il vaut mieux lui dire : « Puisque tu poses la question, oui, et tu vois quelle générosité cela représente chez le donneur de sperme, et aussi quelle générosité pour ton père qui, lui, étant stérile, a autorisé, pour ne pas mutiler ta mère du désir d'enfant, que ta mère puisse avoir un enfant. D'ailleurs, c'est toi qui es né. Tu aurais pu ne pas naître. Si tu es né, c'est que tu étais d'accord avec tout ça. »

Il ne faut pas mentir si un enfant a une suspicion et qu'il pose la question. On peut lui expliquer. Quant à le lui dire...C'est l'entourage qui compte dans ce cas-là. Si personne ne le sait.

Question. – Le père et la mère le savent. Donc, eux vivent avec ça.

F. D. – Pas du tout, à tel point qu'il y a des parents, qui ont adopté des enfants, qui ont complètement oublié qu'ils les ont adoptés.

Je ne sais pas. Vous avez eu des enfants ?

Réponse. – Oui.

F. D. – Vous savez que, quand on a des enfants, on a l'impression qu'on les a toujours eus depuis le début qu'on s'est connu avec son mari. C'est un phénomène très curieux : il faut réfléchir aux dates pour se dire qu'en effet cet enfant n'était pas né à l'époque. Nous avons tous nos souvenirs et notre vécu qui sont inclus avec notre descendance. Vous n'avez pas remarqué ce processus, c'est curieux, notre vie imaginaire ? Mais ça, c'est tout à fait général : on a beaucoup de peine, il faut vraiment situer d'après l'année, tellement nous sommes père et mère de nos enfants bien avant qu'ils ne soient nés, sans le savoir.

Eh bien, c'est la même chose pour un enfant adopté : les parents l'attendent et très souvent, depuis huit ans avant qu'ils ne l'aient, déjà ils sont parents, de désir.

Je crois que les parents l'oublient quand tout se passe bien avec leur enfant, surtout s'il a été adopté dès les premiers jours de la vie, ou adopté avant les premiers jours de la vie fœtale, comme c'est pour un père avec mère porteuse ou père d'un fœtus d'un autre homme avec sa femme, donneur de sperme éventuel ou amant.

Un père n'est père qu'à partir du moment où l'enfant est né ; ce n'est pas du tout l'acte sexuel qui fait qu'un homme est père. Un homme désire donner un enfant à sa femme pour la rendre heureuse, et c'est pour cela qu'un père autorise une insémination artificielle, ou reconnaît l'enfant de sa femme conçu avec un amant.

C'est important parce que, comme l'enfant va peut-être savoir que son père est infécond, il faut qu'il sache la différence entre infécond et impuissant. Et cela ne va pas de soi pour les enfants, parce que la plupart des enfants croient que, si les parents ont trois enfants, ils ont fait trois fois l'amour. Il faut leur expliquer que ce n'est pas vrai, qu'ils le font presque tous les jours mais que, de temps en temps, un enfant est conçu, et que cela n'a été que trois fois que le couple les a laissé naître.

Mais les enfants peuvent croire, le jour où ils savent que leur père et leur mère les ont adoptés, que cela prouve qu'ils sont inféconds, et impuissants, qu'ils n'ont pas de relations sexuelles entre eux, et cela, il faut l'expliquer aux enfants : ils en ont, mais cela n'a pas donné un enfant; un enfant n'a pas voulu naître de leur étreinte sexuelle. C'est cela qu'il faut leur dire. Les enfants comprennent très bien ce mot-là, qui est un mot chaste, et qui dit bien ce qu'il dit.

Après cet échange sur l'insémination artificielle, j'en reviens à l'enquête auprès d'enfants de parents divorcés.

En ce qui concerne le milieu de cadres, cela a été le changement brusque d'état social de la mère, qui n'avait pas appris de métier, avec qui les enfants sont restés, et qui a dû prendre un métier déshonorant par rapport à son niveau, parce qu'il fallait vivre. Les enfants sont restés en garde à la mère, et du coup ils n'avaient plus de mère puisqu'elle travaillait; c'est cela qui a été le problème, plus la mère comme avant. Et pour certains enfants, cela a été l'impossibilité de continuer des études à long terme du fait que la mère n'avait plus d'argent pour les payer et que le père, dans un démon de midi, était parti parce que son fils ou sa fille justement avait un âge d'adolescence, qui lui faisait revivre ses désirs d'adolescent.

C'est cela, le problème des divorces à cet âge-là. Chez les cadres, c'est beaucoup cela qui se passe. C'est la déchéance de la mère divorcée d'être obligée d'accepter un travail alimentaire, parce qu'elle n'avait aucune préparation pour prendre un travail, ou qu'elle avait lâché son travail au moment d'élever ses enfants, le mari lui permettant de vivre en élevant ses enfants, et du jour au lendemain elle n'avait plus de quoi vivre en élevant des grands enfants.

Question. – *Pouvez-vous revenir sur une phrase que vous avez dite : il est dangereux pour l'enfant de vivre avec le parent qui n'a pas reconstruit une structure de couple?*

F. D. – Oui, parce qu'il s'imagine, comme tout petit enfant, que c'est lui qui a charge de consoler et de remplacer le vide dans la vie affective et sexuelle du parent qui reste, comme veuf, bien qu'il ne le soit pas du tout puisqu'il est divorcé et qu'il pourrait refaire sa vie, mais il sent que le père ou la mère (comme ils disent) se sacrifie à leur enfant. C'est dramatique pour l'enfant.

En fait, il ne se sacrifie pas du tout, mais il se justifie d'un état dépressif d'âge adulte, en disant : « J'ai voulu me sacrifier, je n'ai pas voulu ennuyer les enfants. »

Il y a des mères qui disent : « Qu'est-ce que vous diriez si je me remariais ?

– Ah, je ne te reverrais plus !

– Ah bon, bon. »

Du coup, elles se rangent en religieuse sécularisée pour ne pas faire de peine à leur enfant, alors que c'est justement quand elles sentaient le moment, elles, de reprendre leur vie de femme, c'était le moment de traumatiser les enfants, de leur dire : « Ecoutez, c'est très joli, mais moi, je ne suis pas une enfant ; à mon âge, on a besoin de rendre un homme heureux ; un homme a besoin d'une femme, une femme a besoin d'un homme. Si vous n'êtes pas contents, on tâchera de se débrouiller pour vous payer une bonne pension. » Et puis, c'est tout.

Quand ils ont la chance de rencontrer à ce moment-là un médecin intelligent, il parle comme ça à l'enfant : « Tu sais, tu n'es pas du tout obligé de rester chez ta mère qui se remarie, il y a des pensions.

– Ah, j'aime mieux rester chez elle.

– Dans ce cas, tâche de te faire apprécier, de faire silence. Tu viendras me voir quand cela ne marchera pas avec ton beau-père, et puis si tu veux un changement de garde et aller du côté de ton père qui, justement, est remarié et va avoir un bébé...

– Ah bien, non justement.

– Bon, alors tiens-toi tranquille, tu viendras me voir et puis on verra ça, etc. »

La personne latérale peut faire beaucoup dans ce cas-là. Il ne faut pas laisser l'enfant jouer sa régression, et justement rendre la mère coupable de faire de la peine à ces pauvres enfants si elle prend un homme, parce que, dans dix ans, cela se paiera très cher, pour les enfants, et nous l'avons vu avec ces enfants de cadres.

« Je ne quitterai pas ma mère. Je veux prendre un travail qui ne m'obligera pas à quitter ma mère parce que, la pauvre femme, tout ce qu'elle a fait pour nous. » Ou une fille : « Si j'ai un métier, je pourrai la prendre en charge, pas question de me marier, les hommes sont des salauds! »

On voit cela chez les enfants de cadres, pas chez les enfants d'ouvriers. Les effets culpabilisants à la deuxième génération.

Intervention. – Je pense que cette surcharge affective, dont vous parlez dans le cas du parent qui reste seul, peut s'éviter en dehors d'une relation du couple, c'est-à-dire d'un partage de « je » quotidien. Ce qui est important, c'est que l'enfant sente que sa mère est occupée ailleurs, même si ce n'est pas pour refaire un couple, qu'elle n'est pas « sacrifiée » à son ou ses enfants.

F. D. – Mais oui, même si ce n'est pas pour refaire un couple, peut-être, mais qu'elle ait sa vie parmi les gens de sa génération, et que l'enfant fasse partie de sa vie, mais ne soit pas toute sa vie.

– La séance est interrompue quelques minutes pour une pause.

– Reprise après la pause.

F. D. – *On me pose une question concernant une petite fille hémiplégique. « Qu'est-ce que je peux dire de plus à la petite qui a des crises en séance? »*

Cela s'appelle un contrôle, ce que vous me demandez. On ne peut pas ici faire un contrôle. On n'est pas forcé de faire un contrôle tout à fait régulier, on peut très bien aller voir un psychanalyste quand on a une difficulté avec un enfant en psychothérapie de façon ponctuelle, deux ou trois fois, pour mieux comprendre ce que, vous, vous éprouvez d'angoissant au moment de la crise de l'enfant.

Je crois qu'il y a un danger à parler de ce que « fait » l'enfant. Parler de ce que fait l'enfant, c'est comme s'il y avait quelqu'un qui, tout le temps, le voyait et disait en mots ce qu'elle fait. Ce n'est pas ça une psychothérapie, c'est dire : « tout ce que tu fais, c'est pour me dire quelque chose, et j'essaie de comprendre », ce que tu veux me dire. Ce n'est pas ce qu'elle fait en apparence qui est important, c'est ce qu'elle vous dit par son comportement. Si vous allez chez un contrôleur il vous aidera à vous comprendre dans ce qui vous fait sortir de l'attitude de Psychothérapeute. Il ne s'agit pas de parler des comportements d'apparence d'un enfant, il s'agit de parler son désir, son intérêt à communiquer avec vous quelque chose, qui peut la mettre en tension au point de faire une crise, parce que votre désir n'est plus de l'entendre en vous interrogeant sur ce que vous ressentez vous et *peut-être* de le lui communiquer. Je ne peux pas vous répondre parce que vous ne pouvez pas me donner vos éléments affectifs personnels devant une assemblée. Il s'agit de rencontre entre l'inconscient de l'enfant et le vôtre.

Il y a une question assez intéressante :
« Il semble que pour l'enfant dire " je ", c'est comme une lumière. »

Ça, c'est une citation de Kant. Et c'est vrai, quand l'enfant accède à dire je, il faudrait aussi savoir ce que veut dire ce je. Si l'enfant dit je, il peut encore dire : je, moi, mais il ne dit pas je, je, parce que bien des enfants disent je à la place de leur mère, par exemple en pays africain. Les personnes qui sont allées travailler en pays africain, m'ont dit : les enfants petits Africains, en tout cas dans les ethnies qu'elles avaient vues, ne disent jamais, comme ici, Toto, Untel, en parlant d'eux-mêmes, ils disent je tout de suite, mais ce je n'est pas eux, c'est « je, leur maman » qui a parlé je quand ils étaient fusionnels, corps à corps, jour et nuit avant le sevrage. Donc, dire je est fusionnel à la mère. C'est moins que le dire « objectant » Toto ?

Il faut se méfier du mot qui veut dire je quand ce je n'est pas je, moi, séparé de ma mère, c'est-à-dire je, moi, pas toi. Ce qui est tout à fait différent. Il faut l'entendre. Celui qui dit « moi » mais avec le verbe à la deuxième ou la troisième personne ne dit pas moi, je, mais moi, ma maman, moi l'autre (dont je fais partie).

Et quand vous me dites : « pourriez-vous nous

dire comment s'effectue le passage de la troisième à la première personne grammaticale ? » je vous dis : attention, jamais l'enfant ne parle de lui à la troisième personne, c'est une illusion de l'adulte, il parle de lui à la deuxième personne, et cela ne s'entend pas.

Quand il dit : « moi fais ci, fais ça », ou qu'il parle avec l'infinitif « faire ça », c'est parfois un début de moi. A l'infinitif, cela veut dire moi, je, non séparé de tous les autres. Moi, je, tous les autres comme moi. Mais quand il dit : « Toto veux pas ci », c'est « Toto, tu veux pas ». La preuve, et vous l'avez tous, vous qui soignez des enfants, ou qui voyez se développer des enfants, les enfants vous disent : « tu veux », cela veut dire « je veux ». « Tu veux ça. » C'est parce qu'ils parlent comme l'adulte leur parlerait pour dire qu'ils veulent quelque chose dans le désir d'un adulte qui leur parle. Et quand ils parlent d'eux, apparemment à la troisième personne pour notre oreille qui sait la grammaire, en fait, ils parlent d'eux à la deuxième personne, et le passage de la deuxième personne à dire « je » ne peut pas se faire sans qu'ils disent d'abord « moi, moi, moi » répété deux ou trois fois. C'est toujours : « moi ma maman, ou moi mon papa, ou moi mon frère, moi, ma sœur » moi, un autre auquel je suis articulé en doublet.

C'est après, moi tout seul, et cela devient : je, moi, je. Le passage est très très médiatisé. Ils sont arrivés au moi signifiant je lorsqu'ils peuvent lâcher la personne tutélaire garante de leur identité pour aller seul vers quelqu'un d'autre sans peur de perdre leur sécurité existentielle.

Je ne peux pas expliciter pour vous la différence entre symbolique et imaginaire *chez l'enfant*, parce que, chez l'enfant, c'est l'imaginaire qui mène au symbolique, mais l'imaginaire est une vérité pour lui et son complice, quel qu'il soit; cela peut être son chien ou son chat, ou une personne, ou son jouet (ou sa petite couverture ou sa tétine), et le symbolique, c'est ce qui est lui-même en vérité avec tous les autres dans le langage. C'est différent de l'imaginaire.

Je ne peux pas détailler cela comme ça.

« *Vous faites des psychanalyses avec des enfants qui n'ont pas encore le langage verbal pour s'exprimer, mais ils ont le langage, sans cela on ne peut pas faire de psychanalyse avec des enfants s'ils n'ont pas le langage. Quelle valeur ont les mots en eux-mêmes pour un petit qui ne sait pas parler?* »

On leur dit très peu de mots. On « est » avec eux dans ce qu'ils font. Etre. Les mots sont ceux qui nous expriment nous-mêmes, en vérité, pas des mots « à leur portée » des mots du vocabulaire clairs pour nous.

Il y a des séances d'analyse, même chez l'adulte, qui se passent dans le silence total. Il y a des séances avec l'enfant dans le silence total, un silence verbal, avec une énorme animation de communication.

« *N'est-ce pas plus au niveau d'inconscient à inconscient?* »

Oui. Justement, tout à fait. C'est du niveau

inconscient à inconscient. La façon de regarder, mais c'est du langage. C'est un échange de langage interpsychique, le regard.

« *Toucher l'enfant?* » Tactilement?

Non, jamais, il ne faut pas toucher un enfant en psychothérapie psychanalytique; en éducation oui. Se laisser toucher par lui mais en disant en paroles le sens que l'on perçoit de cette initiative au corps qu'à l'enfant qui ne peut ou n'ose dire.

« *Intonation de la voix?* »

Pourquoi pas, si on a quelque chose à dire.

« *Beaucoup plus que les mots eux-mêmes?* »

Non, les mots ont un sens symbolique très important, mais on n'est pas forcé d'en dire tout le temps. Un des mots symboliques qui a beaucoup d'importance, c'est de dire : « non, ce n'est pas vrai ». C'est un mot très important. Quand l'enfant joue quelque chose, qui est faux, et on le voit très bien, quand l'enfant est faux, il est partagé entre deux attitudes. « Non, ce n'est pas vrai. » Par exemple, l'enfant qui entre et puis qui veut s'en aller. Vous voyez qu'il veut en même temps rester et s'en aller. « Ce n'est pas vrai, que tu ne veux pas t'en aller, mais c'est vrai que tu ne veux pas rester. »

L'enfant a les deux attitudes et il faut lui faire comprendre son ambivalence. Lui dire : « tu veux, et tu ne veux pas en même temps. Tu es comme deux. Il y en a un qui veut, l'autre qui ne veut pas. » C'est très souvent comme ça dans la vie, même chez les adultes. Et ça, un enfant le comprend très bien, il est justifié d'un désir contradictoire.

Par exemple, voilà une séance d'analyse qui déjà

a dit beaucoup et a fait beaucoup pour apaiser l'enfant, et puis au milieu du jeu il le laisse tomber et va à autre chose. « Tu aimais ce que tu faisais. On dirait que cela t'a fait penser à quelque chose de dangereux, alors tu as arrêté ce qui te faisait plaisir et tu es passé à autre chose. » Il entend très bien, et il entend cela à huit mois, à neuf mois.

Et quand un enfant est tout petit, c'est la personne maternante présente à la séance, qui le touche, pour lui expliquer les mots qu'on lui dit, par exemple : « avec ta main droite, avec ta main gauche ». (Montrez-lui où est sa main droite, montrez-lui où est sa main gauche.) Ce n'est pas l'analyste qui doit le toucher, cela doit être fait par la personne habilitée à toucher son corps, mais qui n'a pas su lui donner les renseignements concernant son schéma corporel.

On s'aperçoit que c'est pour cela que cet enfant n'est pas adapté à son niveau d'âge et que son schéma corporel doit lui être donné par quelqu'un. Ce sera la personne chargée de s'en occuper.

Je ne peux pas vous donner tous les détails de la psychothérapie des enfants; vous avez tout à fait raison : c'est d'inconscient à inconscient, mais le psychanalyste est là pour faire advenir l'inconscient au préconscient, au conscient, dans ce qui gêne la vie d'échanges de l'enfant en tant que sujet articulé à un corps qui deviendra avec le sujet en son temps son Moi, mais il doit passer par la communication avec l'autre qui est son Toi. Ce ne peut être le thérapeute psychanalyste, c'est la personne tutélaire qui est actuellement ou a à être son premier Toi à Moi comme ce Toi là, le Toi quotidien structurant de la réalité.

« Les juges doivent-ils demander l'avis des enfants avant de statuer sur la garde des enfants ? »

F. D. – Cela serait bien que quelqu'un autour du juge prévienne les enfants qu'on est en train d'étudier le mode de règlement de la séparation des parents. Ce serait très bien, surtout maintenant que les parents cachent aux enfants qu'ils vont se séparer, et que très souvent ils ne se disputent pas. En fait, ils divorcent sur le dos des enfants, malheureusement les juges aiment bien signer quelque chose où les parents se sont entendus, « à l'amiable » préparé avec le même avocat pour les deux.

En fait, ils se sont entendus pour se libérer, et ils l'ont fait sur le dos des enfants sans les prévenir de ce qu'ils vivaient et décidaient. Et cela, c'est très grave.

Nous avons fait un travail considérable du temps où Mme Pelletier était ministre, s'occupant de la famille. Une commission réunie à son initiative, juges, avocats, psychanalystes, sociologues. Nous avons travaillé huit mois de suite. Nous avons vu toutes les associations de parents divorcés, des femmes abandonnées. Généralement, au troisième ou quatrième enfant, les hommes abandonnent leur femme; cela coûte trop cher une famille ! Ils s'en vont et se dérobent matériellement à toute atteinte. C'est très difficile pour ces femmes de rester ainsi sans argent, avec un mari qui n'a pas d'adresse, et qui n'ayant plus d'emploi fixe ne peut être atteint par les demandes de papiers à signer pour bien des choses officielles de la famille et qui ne s'occupe plus de ses enfants.

Nous avons découvert là des situations de détresse insoupçonnée pour les enfants. Les Allocations familiales donnent à ces femmes une aide. A l'avenir cela peut induire les garçons à devenir délinquants, et les filles prostituées comme pour dédouaner leur père et ne plus rien coûter à leur mère. C'est une chose très importante de dédouaner les parents fautifs en vivant comme eux. L'enfant en a souffert. Et il répète le même comportement.

C'est une manière de faire quelque chose d'irresponsable à son tour.

Je crois qu'en effet le juge devrait demander l'avis des enfants. Généralement, les enfants savent très bien, plutôt qu'avec qui ils voudraient vivre, où ils voudraient vivre, que ce soit compatible ou non avec le fait d'être avec le père ou la mère, car beaucoup d'enfants voudraient rester dans le même logement, rester à la même école. Je suis certaine que beaucoup après huit, neuf ans préfèrent trouver un accueil dans le quartier qu'ils connaissent pour rester dans la même école et garder les mêmes camarades et amis.

J'ai vu un cas où les parents avaient quatre enfants. Tous les enfants voulaient rester à la même école. Ils avaient un appartement. Alors, pourquoi pas dans cet appartement? C'est là que les enfants vont rester. Les parents ont décidé lequel logerait le temps le plus long avec eux dans l'appartement, gardé par les parents pour les enfants. C'était beaucoup mieux du point de vue social pour les enfants. Père et mère avaient un autre lieu chacun. C'est une solution coûteuse certes.

Comme c'est difficile le partage du temps. On dirait que celui qui est méritant a la garde de l'enfant. Ce n'est pas vrai du tout; c'est celui qui a le plus de stabilité; c'est quelquefois celui qui a le plus d'argent; c'est celui qui a une famille pour le soutenir. Il y a beaucoup de raisons pour lesquelles le juge décide la garde, à tel ou tel parent. Cela devrait être expliqué par le juge lui-même aux enfants, ou par quelqu'un de la part du juge, avec ou sans la présence de leurs parents. Une personne extérieure à la famille expliquerait beaucoup mieux qu'il n'y a pas de valeur à avoir la garde, ou à ne pas l'avoir.

C'est un jugement qui est pris en essayant de faire le moindre grabuge possible, mais de toutes façons c'est toujours une solution quant à la vie pratique qui a été cherchée par le juge pour ne nuire à personne et pour ne donner raison à personne, alors que le parent qui a la garde s'ingénie généralement à dire qu'il est le parent valeureux des deux devant le juge. Ce n'est pas la question. On espère avoir décidé pour plus de stabilité pour l'enfant. Mais c'est une fausse question, celle d'avoir la garde. Je trouve même que les parents qui ont la garde, comme on dit, c'est-à-dire qui ont le temps principal de l'enfant, ont généralement beaucoup moins le temps de s'en occuper, que ceux qui ont au contraire les jours de congé, les petites vacances, et un mois de grandes vacances. C'est à ce moment qu'on fait la meilleure éducation, ce n'est pas du tout quand l'enfant est déjà embringué dans la vie sociale qui est la

sienne : l'école, le rythme de l'école et ceux des
parents qui travaillent. On n'a même pas le temps
de se parler, on est dans la bousculade.

Là, où on a le temps de se parler, de parler
vraiment de choses importantes, c'est quand
parents et enfants ont du loisir en même temps.

Garder ses enfants pour dire : « ah, c'est moi la
valeureuse », ou « c'est moi le valeureux », cela ne
rime à rien. Mais il faudra des décades pour que
les gens comprennent cela!

Personne n'a tort dans un divorce : c'est un
malheur. Alors, le moindre malheur, c'est parfois
de divorcer, au lieu de rester ensemble sans amour
sans désir, sans amitié, sans goûts communs, ni
intérêts en commun.

*« Quand les enfants sont avec des parents qui
ne s'entendent pas, mais qui continuent de rester
ensemble. Qu'est-ce qu'il faut leur dire? »*

F. D. – A mon avis, c'est très facile. Les enfants
s'aperçoivent que ça ne va pas mais ne veulent pas
en croire leur intuition ou leur observation. Il faut
donc que les parents, ensemble si c'est possible,
expliquent la situation de désunion assumée et que
les parents se sont donné l'un à l'autre la liberté. Je
veux dire la liberté d'aimer, de ne pas rentrer le
soir, d'être absents. Ils ne couchent plus ensemble
dans la même chambre; ils font lit séparé. Cela doit
donc être expliqué avec des mots très simples aux
enfants. Les parents ne s'aiment plus pour risquer,
en couchant ensemble, de concevoir un enfant. Ils
ne s'aiment plus assez pour se dire tous les jours :

« On a bien fait le jour où on s'est fiancé, et celui où on s'est marié. »

Voilà encore une autre parole : « ton père et ta mère ne sont plus amoureux l'un de l'autre », mais ni lui ni moi nous ne regrettons ta naissance.

Les enfants comprennent les amoureux, comprennent les gens séparés, mais il faut leur mettre des mots, et les mots sont : ils ne veulent plus coucher ensemble parce que, quand les grandes personnes couchent ensemble, il peut arriver qu'à propos de leur étreinte sexuelle un enfant naisse. Ils ne veulent plus être père et mère d'un enfant ensemble. Ce qui est vrai dans la réalité charnelle l'est encore plus sur le plan imaginaire et symbolique.

« Ton père sera peut-être père avec une autre femme. Moi, ton père m'a laissée libre, maintenant que nous ne sommes plus amoureux, d'aller avec d'autres hommes. Peut-être qu'un jour si je rencontre un autre homme, comme lui une autre femme, il y aura un petit frère, ou une petite sœur, mais je te le dirai à temps, ne t'inquiète pas. Je resterai toujours ta mère et lui ton père. »

Voilà, c'est comme ça qu'on peut parler aux enfants, vraiment clairement, par rapport au projet. Un couple désuni est ouvert de ce fait, chacun a sa vie sans ce conjoint-là (légitime ou non) chacun est donc potentiellement en projet, projet qui se réalisera ou pas. Pour tout enfant, un couple est dans un projet de procréation, ou a des projets de création ensemble, dont le cas particulier de la naissance d'un enfant; la procréation est un cas particulier de création.

Les parents qui ne s'entendent plus ne sont plus

dans un projet de procréation, mais ils peuvent être, pour des intérêts pécuniaires, obligés de vivre ensemble, d'avoir le même magasin, d'être chez le même employeur. Il faut le dire clairement aux enfants : ils ne sont plus amoureux, mais ils restent associés pour le commerce, ils ne sont pas brouillés tout à fait. Ils ne veulent pas divorcer mais ils ne s'aiment plus pour risquer de faire un enfant.

« Voilà pourquoi ta mère voit parfois un homme, parce que c'est normal qu'un femme essaie de rendre un homme heureux, même au lit, et la même chose un père avec une femme. »

Que de grabuges chez ces enfants non pas seulement dans les divorces mais quand un homme devient veuf – et qu'il se remarie. La fille de seize ans ne peut pas souffrir que son père trompe sa mère défunte en se remariant. Des brouilles à vie entre un père et ses filles et fils ont été la conséquence du remariage ou du concubinage notoire du père après veuvage. Cela fait des grabuges épouvantables parce que le père n'a pas dit clairement à chacun : « Tu sais, ta mère est morte, mais ce n'est pas une raison pour que, moi, je sois nul vis-à-vis des femmes. Tu ne peux pas être ma femme, je t'aime comme ma fille (ou mon fils), mais pour moi rechercher à reconstruire un foyer c'est tout à fait normal. »

Des jeunes filles s'imaginent vraiment que leur père est « délinquant » de se remarier un an ou deux ans après la mort de leur mère. Ne tenait-elle pas son ménage aussi bien que le faisait sa mère, parfois s'occupant bien des jeunes frères et sœurs ? Il n'avait aucune raison, et pas besoin d'avoir une autre femme.

Restées puériles, élevées par une mère qui avait été souffrante les dernières années, ces jeunes filles ignorantes des désirs sexuels gardent des mots ambigus : « On s'aime, on s'aime, alors, on reste ensemble », sans avoir l'idée de motivations adultes génitales : la recherche de l'autre. Sans savoir expressément le dire, sans représentation clairement incestueuse, elles voudraient que leur père vive comme un moine, parce que maman est morte. Avoir charge de son père toute la vie, un père chaste qui se mettrait les pieds sous la table, avec la bonne cuisine de sa fille et son amour à lui consacrer.

Je pense actuellement à une femme qui s'est brouillée avec son père parce qu'il s'est remarié. Elle a fugué. Son père lui a dit : « Mais, écoute, reste donc ici, cette femme (sa nouvelle femme) ne te mangera pas ; tu es en train de faire ton CAP, après tu t'en iras, je t'aiderai, mais ne rate pas la fin de tes études pour cela. Elle ne tient pas la maison comme toi qui l'a appris de ta mère mais je m'en contente. Cela ne mérite pas que tu rates ta vie pour cela. »

Rien à faire : elle est partie chez une sœur aînée qui était mariée.

Naturellement, il est arrivé ce qui devait arriver : la sœur venait d'avoir un bébé. Le Jules de la sœur a dit : « Dis donc, si tu veux, moi je m'ennuie, ta sœur est tellement occupée, tu pourrais peut-être venir dans mon lit. »

Bon, alors, complètement affolée, elle est partie de chez sa sœur, parce que son beau-frère était un « salaud », alors qu'elle le croyait un monsieur si gentil. C'était une enfant sans aucun moyen de se défendre. « Ignare en sexualité. »

Cela s'est payé évidemment par une vie ratée pendant dix ans à la suite de tout cela.

Vous voyez, cela, c'est un raté d'éducation, c'est un raté du dire éducatif par des personnes latérales, à défaut du dire à temps du père qui, au début de son veuvage, a laissé s'installer une situation ambiguë.

Cette femme m'a écrit toute son histoire, et j'ai pu parler avec elle au téléphone. C'était un bébé complet.

Naturellement, après quelques années d'esseulement elle a été courtisée. S'est mariée, cela a été dramatique. Ne sachant pas du tout ce qu'elle faisait et, quand après quelques mois de fiançailles bien pudiques son fiancé voulut faire aussi ce que son père faisait avec une dame, et ce que son beau-frère voulait faire avec elle, elle a dit : « mais alors, tu ne m'aimes pas, tu es un coureur ? », alors qu'ils étaient à quelques semaines du mariage. Des années de compagnonnage boiteux.

Et, c'est maintenant que sa fille a dix ans qu'elle découvre qu'elle est un bébé de dix ans, et complètement affolée de voir sa fille s'intéresser aux garçons, elle se demande si elle n'est pas perverse; c'est pour cela qu'elle m'a téléphoné.

Nous sommes là dans des situations qui sont la suite d'une enfance qui a été traumatisée : une mère déficiente physiologiquement depuis en fait l'âge de la puberté de cette fille, et qui n'avait pas pu la former à accepter que son père, quand elle serait morte, se remarierait et qu'elle, elle aurait à faire sa vie, etc. Elle ne l'avait pas du tout préparée à cela, sa mère. Elle a su après que la mère était malade depuis quatre ans, et d'une maladie qui ne pouvait pas pardonner, mais personne ne l'avait jamais dit à la fillette.

On me demande s'il faut dire aux enfants quand leur père ou leur mère est malade d'une maladie très grave. Bien sûr qu'il faut leur dire et à leur mort éventuelle ou probable il faut les y préparer, et il faut les mûrir d'autant plus. Ils ont ce destin-là, et il faut qu'ils sachent l'assumer.

« Ta mère a une maladie très grave; on espère qu'on va pouvoir la guérir, mais ce n'est pas certain. Tout le temps que tu as encore ta mère, profites-en pour savoir d'elle tout ce qu'une fille doit savoir, et dis-lui que tu sais qu'elle est très malade. Parle-lui. » Les mères sont très soulagées quand elles peuvent pour de vrai parler à leur enfant de leur maladie. Surtout quand elle approche de la mort, une mère est très angoissée de ne pas avoir donné son viatique de mère à son enfant fille, et un père à son enfant garçon.

Il faut aider l'enfant à se préparer, qu'il y ait ces colloques profonds sur les vœux futurs, et la direction que la mère voudrait voir sa fille prendre, que le père voudrait voir son fils prendre, dès qu'il n'y sera plus, et qu'il se sente assisté par-delà la mort de ce père, ou par-delà la mort de cette mère, à conduire sa vie dans une direction non contradictoire au désir de sa mère qui est morte, malheureusement avant qu'il ne soit devenu jeune homme ou jeune fille.

Cette femme a gardé un engramme du désir de sa mère qu'elle reste une enfant ignare sur les choses de la vie, alors que c'est une femme fort intelligente, qui a passé un CAP, qui a une très bonne situation, qui maintenant n'est effectivement pas plus expérimentée qu'une jeune fille. Sa fille de dix ans va la dépasser. Il n'y aura plus personne pour garder cette cavale sauvage parce que la mère n'aura pas su l'initier en paroles à temps. Si maintenant cette jeune femme fait un travail psychanalytique pour elle, sa fille va retrouver une sécurité au foyer de ses parents, et surtout se sentir le droit d'aimer son père parce que, dans ce cas-là, il y a un homme : « Oh, vous savez, chastement, me dit la mère; nous vivons séparés; de temps en temps comme ça mais moi, je ne suis pas portée sur la chose. » Et pourtant le père reste à la maison. « Je n'ai pas voulu avoir d'autre enfant, parce que déjà en avoir une c'est bien compliqué. » (On se demande pourquoi! à moins qu'elle ne soit jalouse de sa fille vis-à-vis de son mari?)

Il est sûr que si cette femme fait une psychothérapie, bientôt elle sera enfin jeune femme normale, et si elle a un deuxième enfant avec ce mari, qui a l'air d'être tout à fait normal, cela fera beaucoup de bien à la fille, qui ne cherchera plus à cavaler et risquer des expériences sexuelles ou même une grossesse précocement sans possibilité d'en assumer la responsabilité ni de construire un couple.

« L'incidence du début de la vie en couveuse d'un enfant. Un contact de la mère l'après-midi tous les jours. »

F. D. – Mais, c'est suffisant pourvu que la mère, quand l'enfant est en couveuse, aille le voir tous les jours. Si c'est possible, qu'elle lui donne son lait, c'est encore mieux. A travers la couveuse, dans le silence bruitant d'une couveuse, l'enfant intuitionne la présence de sa mère, il sent la présence de quelqu'un qui focalise son désir pour entrer en communication avec lui. Et, une fois que le bébé est sorti de la couveuse, on lui raconte qu'on a été séparé pendant longtemps, qu'il était en couveuse, que sa mère et son père souffraient comme lui d'être séparés de lui.

Le pont entre les êtres, c'est le langage qui le fait. Evidemment, quand l'enfant est petit, il ne faut pas que la mère ait été trop longtemps frustrée de son enfant sinon, en effet, elle n'a pas, elle aussi, au jour le jour, établi une relation qui, tous les jours, se renouait à son enfant et cet enfant à elle. Mais, ce sont des débuts dans la vie très bons, les couveuses et les chambres chaudes, à condition qu'il n'y ait pas eu la totale séparation, mais au contraire une relation d'amour et d'échange quotidien. Quand la mère reprend sa vie complètement, et que tout d'un coup on lui rend deux mois après un bébé dont elle n'a plus du tout besoin, ni envie, et qui ne la connaît pas... C'est un réel traumatisme pour tous deux, le bébé et sa mère.

C'est cela qu'il faut que vous compreniez, vous qui êtes des travailleurs sociaux, des infirmières, etc. : aider les mères à venir et les assister, rester à côté d'elles un moment, parce que, très souvent, elles sont déprimées, frustrées de voir un enfant en couveuse avec lequel elles ne savent pas communiquer. Il faut leur dire : « Mais il sent votre présence, parlez-lui il le sentira. Comment ? Je ne suis pas. »

« Comment peut-on comprendre que l'enfant comprend le langage? »

F. D. – Je ne sais pas, mais c'est vrai, et il comprend toutes les langues. Si une Chinoise lui parle en chinois, une Arabe en arabe, et une Française en français, il comprend. Il comprend toutes les langues. Peut-être intuitionne-t-il ce qu'on veut lui dire. La communication d'un esprit à un autre esprit. Il en a l'entendement.

En couveuse, l'enfant n'entend pas avec ses oreilles physiques que sa mère est là, il a l'entendement de sa présence, et c'est mieux, autre mais la suite de cette présence quand il était in utero. Sa mère in utero, c'est sa mère; sa mère qui vient pour lui et pour elle l'aimer quand il est dans la couveuse, c'est sa mère. Un cœur à cœur se renoue à défaut de corps à corps.

Ce qu'il faut, c'est aider la mère à ne pas se déprimer. C'est le travail des personnes latérales du service d'aider la maman, savoir lui dire : « Ne vous en faites pas, c'est très important que vous soyez là, même si vous ne l'entendez pas; pour lui, c'est sa maman qui vient le voir tous les jours. Vous verrez, quand il sortira, il sera le vôtre tout à fait, il sera si heureux d'être plus près de vous », etc.

Et c'est vrai, alors que, lorsqu'on voit qu'une mère a trop de peine de venir voir son enfant en couveuse, on lui dit : « Ecoutez, il est très bien là, ne venez que dans quelques jours. » On croit mieux de la soustraire à cette épreuve, or c'est très mauvais. Il faut qu'elle ait cette épreuve et qu'on l'aide dans cette épreuve, mais que le lien symbolique avec l'enfant à travers ces vitres et cet isolement ait lieu, car c'est très important. L'enfant souffre aussi mais il n'est pas tout seul. Le partage de l'épreuve est secourable.

Autre question concernant l'adoption de très jeunes enfants. Quelqu'un qui s'occupe de cela écrit :
« Il est conseillé aux parents adoptifs de dire aux enfants qu'ils ne sont pas les vrais parents. »

F. D. – C'est très dommage qu'on dise cela car ils sont les vrais parents. Cela ne veut rien dire, des « vrais parents ». Il y a des vrais parents géniteurs, des vrais parents légaux. Tout le monde est vrai parent d'une façon ou d'une autre.

Il y a les vrais parents légaux, des parents affectifs et des parents géniteurs qui ne sont pas des « vrais » parents géniteurs puisque tout le temps de la grossesse il y a eu rejet, parfois même rejet à la naissance, refus de « connaître » et de « reconnaître ».

Il faut dire le mot géniteur. L'enfant comprend. Il comprend bien biberon, et il ne sait pas encore ce que c'est! Alors, quand il le saura, à force d'avoir l'expérience du mot, il saura que biberon, c'est cette bouteille chaude qui a une tétine au bout, et qui vous rassasie.

Il faut dire aux enfants les mots justes. Le mot géniteur, un jour ils comprendront ce que c'est. Nous disons les mots aux enfants bien avant qu'ils sachent ce qu'il y a sous les mots. C'est très important.

Il ne faut jamais dire aux enfants : « ce ne sont pas tes vrais parents »; mais : « Ce sont tes parents adoptifs, comme tu es leur enfant adoptif. Ils sont comme toi : tu es adoptif, ils sont adoptifs, donc vous êtes de vrais parents adoptifs, deux autres, que tu ne connais pas, ont été tes parents géniteurs. Tu as été engendré par ta mère de naissance, elle n'a pas pu t'élever, t'a confié en vue d'adoption, elle t'avait mis au monde sain et solide puisque tu as survécu à votre séparation. »

L'important, c'est que les parents adoptifs disent combien ils sont reconnaissants aux parents géniteurs. C'est quelque chose qui manque. A partir du moment où les parents adoptifs font cela, l'enfant relie complètement ses parents symboliquement à ses parents géniteurs. « Comme je suis reconnaissante à ta mère de t'avoir mis au monde et de m'avoir donné la joie de pouvoir t'élever, bien qu'elle n'ait pas pu te garder, quelles qu'en soient les raisons, je n'en sais rien, ton père non plus, en tout cas, quelle joie il nous ont donné d'avoir un bel enfant, et comme ils devaient être bien pour que tu sois si bien! »

A travers cet enfant, ce sont les parents géniteurs que les parents adoptifs adoptent, mais ils ne le savent pas. C'est aux organismes adoptifs de le leur dire et de le dire à l'enfant lorsqu'ils le confient aux adoptants.

Il y a aussi une autre chose – je ne sais pas si c'est comme ça dans votre ville. On avait vu d'ailleurs cette histoire à la télévision. Moi, je l'ai su par des parents qui sont venus me voir, complètement déroutés. Après une suite d'entretiens qu'ils avaient eu à l'organisme adoptif, qui mettait en question leur désir d'adopter, on les a convaincus qu'en fait ils n'avaient pas besoin du tout d'adopter, qu'ils étaient un couple très heureux comme ça. Et quand les parents ont dit : « Eh bien, oui, vous avez raison; en effet, qu'il y ait un enfant ou qu'il n'y en ait pas, nous sommes très heureux ensemble », voilà que huit jours après, on leur annonce un enfant, alors que justement ils n'étaient plus dans le désir d'adopter, mais l'organisme d'adoption, lui, avait le désir virulent de leur faire prendre le jour même une petite fille qui... que... etc.

Ce sont les parents qui doivent avoir le désir virulent d'adopter. Pourquoi faut-il les en dissuader sous prétexte de je ne sais pas quoi, une histoire psychologique incroyable qui, un jour, est entrée dans le colimateur, ou l'ordinateur de la tête des gens qui gèrent les adoptions des autres, et qui est qu'il faut les débarrasser de ce désir d'adopter? On nous a montré ce processus absurde de « préparation psychologique à l'adoption » à la télé sinon je ne les aurais pas crus.

Enfin, ces gens-là étaient complètement déroutés. Ils avaient compris que c'était trop difficile, qu'on ne leur donnerait pas d'enfant, et après tout, ils avaient déjà parrainé deux enfants de leurs amis et connaissances, et puis ils s'aimaient vraiment et avaient pris leur parti de rester un couple sans enfant. Et c'est à ce moment-là qu'on leur envoie un enfant! Ils ont été tout à fait déroutés. La mère est venue voir une psychanalyste, complètement affolée en disant : « Je ne peux tout de même plus refuser maintenant, mais maintenant toute notre vie s'est organisée autrement, on nous a tellement fait la leçon que nous n'avions pas besoin d'enfant, nous avions donc cessé d'espérer et de demander. Et puis maintenant, on nous en envoie un! »

J'ai vu une assistante sociale qui m'a dit : « Oui, oui, ce que nous voulons, c'est que les parents n'aient pas besoin d'adopter, à ce moment-là, ils sont bons pour adopter. » C'est complètement fou.

« Cependant, j'ai pu constater, me dit cette personne, que ces enfants, en grandissant, n'assumaient pas le fait de n'avoir pas de " vrais " parents. »

Bien sûr, si on dit à des enfants qu'ils n'ont pas de vrais parents, alors ils ne sont pas de vrais enfants. C'est comme si on leur avait enlevé le droit d'avoir une identité. « Ils ne comprennent ni les problèmes, ni la conduite des adultes », ajouta-t-elle.

Oui, ils ne savent pas quel modèle adulte prendre. C'est tout différent, si leurs parents adoptifs les désirent et s'ils les félicitent, à travers eux, de la réussite de leurs parents géniteurs, sans lesquels ils n'auraient pas eu la vie. Puisque mes parents adoptifs sont des gens très bien, et mes géniteurs inconnus aussi, d'après ce qu'ils disent, je deviendrai quelqu'un de très bien, j'ai une identité enracinée dans deux couples, au lieu de n'en avoir pas.

« Ils se sentent alors différents. »

Bien sûrs qu'ils sont différents. Tout le monde se sent différent du voisin. Différents, et probablement, puisque c'est au pluriel, différents, comme les autres enfants adoptés.

« Plus ou moins rejetés. »

Cela peut être un enfant qui a quelque chose de paranoïaque en lui, c'est possible, mais cela c'est parce qu'il a été adopté trop tard, au moment de l'investissement des valeurs anales. Quand un enfant est dressé à la propreté, et qu'il croit que caca n'est pas beau « que c'est mal de faire caca culotte », eh bien, quand il est adopté, la pouponnière, ou la famille d'accueil temporaire qui le lâche pour qu'il aille chez quelqu'un d'autre, se comporte en « rejetante ». Cette famille d'accueil ne le traite-t-elle pas comme un caca et les adoptants de même comme des recueillants de caca s'ils ne lui révèlent pas son origine d'enfant conçu et engendré et non fait. Il a gardé alors en lui quelque chose qui est un noyau paranoïaque. « Puisque la famille m'a traité comme un caca, c'est que je suis un caca, donc tout le monde est méchant », ou « c'est moi qui suis méchant », c'est-à-dire que, pour ne pas se sentir dévalorisé, ce sont les autres qu'on dévalorise.

Un enfant plus ou moins véritablement rejeté a des conflits très graves avec ses parents, qu'il soit engendré ou adopté par ces parents rejetants devenus des modèles fatalement intériorisés.

Il arrive que des parents adoptifs, du fait de leur stérilité, aient quelque chose d'amer qui n'a pas été assez dit de leur stérilité. Et c'est cela chez les parents adoptifs qui n'expliquent pas à l'enfant combien, eux, se sont sentis rejetés de la joie de la nature, par la nature, de ne pas avoir porté des enfants de leur couple. Et ils ont parfois une rancœur vis-à-vis de leurs propres parents, inconsciemment, ils les rendent responsables d'avoir été rejetés du sort des autres. « Les autres couples ont des enfants, nous, nous n'en avons pas, ce n'est pas juste ! » L'enfant adopté ne les guérit pas toujours.

Cela, j'ai pu l'analyser chez des ex-enfants adoptés, dans les conditions que vous dites : c'est parce que la mère adoptive avait menti à son enfant adoptive, et lui avait dit : « Heureusement que tu es arrivée, tu vois, la dernière : j'avais eu déjà six fausses couches ; tu es arrivée enfin ; tu es arrivée parce que... etc. » Et quand elle a su la vérité, que sa mère n'avait jamais eu une fausse couche de sa vie, c'était pour son inconscient trop tard. Elle avait déjà fait trois fausses couches sans raisons organiques. Elle est venue en psychanalyse, sur le conseil des gynécologues qui lui disaient : « Il n'y a aucune raison pour que vous fassiez des fausses couches, c'est là (geste montrant la tête) que ça se passe. Allez voir un psychanalyste. »

Elle ignorait qu'elle était adoptée. Elle aimait un jeune homme. C'est alors que ses parents, avant les fiançailles officielles, ont révélé au jeune homme la vérité. Il ne l'a jamais revue.

Cette jeune fille a tellement souffert d'avoir été abandonnée par son fiancé que sa mère a été obligée de lui en dire la raison. Quelques années après, elle épousait un autre, mais n'arrivait pas à mener à terme ses grossesses.

Quant à la mère adoptive elle a commencé un cancer peu de temps après avoir dû dire cette vérité à sa fille. C'est au moment de son analyse que son père adoptif lui a dit : « Ta mère n'a jamais fait même une seule fausse couche; elle était complètement stérile; elle t'a raconté cela, je ne sais pas pourquoi je la laissais dire. »

Mais cela c'était engrammé chez la fille que, pour devenir mère, on devait faire beaucoup de fausses couches avant.

C'est vous dire que ce problème d'être rejeté peut être le problème inconscient des parents adoptifs bien plus que des enfants qu'ils adoptent.

Je ne crois pas qu'il faille penser que le fantasme de rejet vienne de ce que ces enfants sont adoptés.

Dire (et croire) qu'on n'est pas des vrais parents, cela veut dire que l'enfant n'est pas un vrai humain. C'est très maladroit de dire cela. Les mots sont très importants : la justesse des mots. « Tu es notre enfant adoptif, comme nous sommes tes parents adoptifs. » « Nous sommes exactement sur la même longueur d'ondes (si je puis dire). Nous sommes reconnaissants à tes parents, et à la vie qui nous à permis de se connaître, de t'aimer! A travers toi, ce sont tes parents que nous honorons et aimons en t'élevant. »

On ne peut aimer les enfants si on se sent hostile à ses parents. On entend parfois une mère dire devant cet enfant adopté : « Si ce n'est pas malheureux, une mère, quelle salope d'abandonner son enfant! »

C'est incroyable, surtout quand on connaît les histoires réelles de mères qui sont dans la circonstance d'avoir à abandonner des enfants. Quelle peine! Quel chagrin! Et la plupart du temps, quand on les retrouve ces enfants, plus tard – c'est un devoir ressenti inconsciemment des enfants adoptifs de rechercher leurs parents d'origine. Ils sentent tous que c'est leur devoir, j'en ai connu pas mal déjà. « Ma pauvre mère, elle doit avoir dans les soixante-seize ans, si je pouvais faire quelque chose pour elle, mais je ne sais pas où elle est.

– Mais, vous pouvez essayer de la retrouver.

– Ah bon, je ne savais pas. »

C'est le devoir de l'Assistance Publique de leur dire ce qu'on sait de leurs parents. Il y a une œuvre qui s'en occupe maintenant, mais l'Assistance Publique a pris le pouvoir habituel abusif d'empêcher les enfants de retrouver leurs parents d'origine. C'est une énorme faute.

Et quand ils se retrouvent, cela se passe de la plus tranquille des façons. La mère dit toujours la même chose, le père aussi : « Il n'y a pas un jour de ma vie où je n'ai pensé à toi.

– Voudrais-tu qu'on se revoie?

– Oh non, ce n'est pas la peine. Je suis content de savoir que tu es heureuse. »

C'est tout. Cela se passe très très tranquillement.

Et puis, c'est une paix extraordinaire, inconsciente, de s'être retrouvés, de savoir les circonstances qui ont fait que cette mère n'a pas pu assumer son enfant, ou que ce père... J'en connais une qui a retrouvé trace de son père; il était enterré depuis quelques années mais, dans le patelin où il était à la retraite, tous les vieux savaient qu'il avait une fille qui devrait avoir tel âge, qu'il avait laissée à la mère. Il en parlait tous les jours.

Elle était heureuse d'entendre. « Ah, sa fille, ah, comme il nous en a parlé! Ah, ben, c'était vous, ah, comme il vous aimait. Il vous avait connue, et il se disait combien il avait été idiot », etc. Ils racontaient cela. Elle avait été très touchée, cette femme.

Je lui ai demandé : « Est-ce que cela a changé quelque chose dans vos relations à vos fils ? » Elle était très étonnée de ma question.

« C'est drôle, ce que vous me demandez. »

C'était une femme heureuse, qui avait fait des études supérieures, avait une vie remplie. Elle avait deux fils et deux filles. Elle m'a dit : « C'est drôle, ce que vous me dites. Heureusement que je suis bien mariée parce que, mes fils, il y avait des moments ou je ne savais plus qui c'était. » Tout d'un coup ça me prenait : « Va chez ton père, moi, je ne te connais plus. » Puis, je me disais : « Qu'est-ce que je leur raconte ? Et depuis que j'ai retrouvé la tombe de mon père, et que tous ces vieux de ce patelin m'en ont parlé, cela ne m'est plus jamais arrivé, je n'ai plus de ces moments d'absence vis-à-vis de mes fils. »

Mais je ne lui aurais pas posé la question : « Est-ce que cela n'a pas changé quelque chose vis-à-vis de vos fils ? » elle n'aurait pas pensé à me le dire, parce que c'est une personne qui n'a pas fait de psychanalyse. Mais nous, nous savons que la relation au premier homme de la vie est toujours enfouie en nous, nous la reproduisons dans la relation génétique à nos enfants du même sexe, relation à la mère, sur les filles, et relation au père, sur les fils. Et c'est très important.

Je crois qu'il y a beaucoup de paramètres dans ces questions qui me sont posées. « Ces enfants ont des difficultés considérables à l'école et au lycée,

dans leur formation professionnelle et leur accepta-
tion d'homme ou de femme. Ils s'assument très
mal, font de la délinquance. »

Ce n'est pas général, mais ceci est, je crois, en
rapport avec la famille adoptive, et la façon dont ils
ont parlé de l'adoption et de leurs parents d'origine, beaucoup plus que du fait d'être des enfants
adoptés.

Cette personne me dit : « Je suis tentée de
préconiser le silence sur leur naissance. »

Cela ne changera rien du tout, le silence sur leur
naissance, pour des enfants qui ont été adoptés à
quinze ou dix-huit mois, ou même à sept mois.
Sept mois, cela fait quand même 9 et 7 : seize mois
de vie, et les mois qui ont suivi la naissance sont
très importants si cela a été chez une nourrice, ou
si cela a été dans une pouponnière.

Les enfants qui ont été élevés dans une pouponnière ont tout le temps envie d'ailleurs, quand ils
sont avec des parents adoptifs qui les couvent un
peu. Malheureusement, les parents adoptifs ne
veulent jamais mettre leurs enfants en pension –
alors que ce sont des enfants qui ont besoin de la
collectivité, puisque leur maman, c'était la collectivité (je ne parle pas de la mère de naissance). Et
quelquefois ce sont des enfants qui ont été portés
par une mère qui a vécu ses derniers mois de
grossesse en maison maternelle, c'est-à-dire que
déjà la mère avec eux était en sécurité d'être en
collectivité.

Ils sont heureux quand ils sont dans une bande
d'enfants. Ils fuguent de leurs parents pour aller
sur le terrain vague, parce qu'ils ont besoin d'une
collectivité pour se sentir maternés, et pas du tout

d'être adulés par un père et une mère centrés sur eux. Leur sécurité, c'est une « maman » collectivité. Voilà ce qu'on voit beaucoup. Et c'est souvent par l'adoption qu'ils sont dérythmés par rapport à ce désir non reconnu normal pour eux. Ils deviennent en effet des dérythmés partout, donc délinquants.

Je crois vraiment que c'est au contraire la vérité, mais la vérité dite comme un dû qui appartient à cet être humain dont le fait qu'il est vivant exprime bien son désir à lui d'avoir pris corps à l'occasion d'une rencontre fécondatrice. Je crois que c'est un grand avantage d'avoir été adopté. Et c'est d'ailleurs sur cette base-là que je fais la psychothérapie de ces enfants qui sont abandonnés, et qui deviennent dingues dans les pouponnières, parce qu'on ne leur a pas dit la vérité. On ne leur a pas dit quel avantage c'était, puisqu'ils ont survécu à un abandon dont d'autres seraient morts; cela prouve qu'ils ont passé une épreuve extraordinaire, et qu'ils ont une très grande solidarité symbolique, laquelle honore leurs parents géniteurs.

Si on les assure de cette force en paroles, on la leur donne aussi symboliquement. Mais il faut que la personne qui le leur dit soit crédible.

Les enfants abandonnés sont forts du fait d'avoir supporté une épreuve, y avoir survécu et d'avoir ensuite consolé des parents (les parents adoptifs) qui avaient été eux-mêmes dans l'épreuve longtemps.

Je crois que cela nous mène très loin, cette question sur les enfants adoptifs, mais ce qui est important, c'est la façon dont on leur dit la chose, ce n'est pas de leur dire qu'ils ont une origine différente. Si on ne leur dit pas, comme l'inconscient le sait, tôt ou tard, ou quand ils vont devenir parents, cela fera une catastrophe. Ils répéteront, comme cette jeune femme qui répétait l'abandon in utero de ses enfants, puisqu'il faut fausse coucher pour être une vraie mère, parce qu'elle n'avait pas su, tout le temps de sa jeunesse, qu'elle était une enfant adoptée. Elle ne l'a su qu'à vingt et un ans et seulement à cause du fait qu'elle a été abandonnée par son fiancé mis au courant lors de sa demande officielle de l'épouser, donc d'une façon traumatisante, humiliante pour sa génitrice, donc pour sa génitude.

« *Comment percevez-vous le courant jubilatoire qui circule dans la salle quand vous évoquez des cas ?* »

F. D. – Je crois que vous êtes contents d'entendre illustrer des connaissances de l'inconscient, qui sont simplement de la réalité abordée par un nouveau point de vue, avec un peu de recul, alors que vous pensiez que la psychanalyse était de la haute philosophie. Non, c'est comme la botanique, cela se vit avec le moindre brin d'herbe.

« *Ne serait-il pas utile, pour un enfant inscrit à l'école maternelle, et la fréquentant régulièrement, que son absence, quelle que soit la durée : un jour, une semaine, et quel qu'en soit le motif, ne passe pas inaperçue au nom des effectifs ? Est-ce que son absence ne devrait pas être parlée afin qu'il se sente intégré à un groupe ?* »

F. D. – C'est une question intéressante, qui est très bien résolue en Suisse. Je ne sais pas si vous connaissez la façon dont cela se passe en Suisse.

Il y a un préposé aux absents de l'école. C'est un retraité, un genre cantonnier.

J'ai vu cela un jour que j'étais en Suisse. J'ai vu un homme très gentil, qui se promenait avec une grappe d'enfants autour de lui, qui sautillaient. Il parlait, et marchait en s'appuyant sur une canne. Et l'on m'a dit que c'était le cantonnier préposé aux absents de l'école. Mais alors, me disait-on, tout le monde veut être absent, parce qu'il est formidable, il raconte des histoires aux enfants.

Dans les villes, c'est la même chose : il y a quelqu'un, un employé municipal, qui est chargé de passer et de voir les absents, et il va aux nouvelles, puisque c'est autour de l'école, il fait visite à tout le monde, et il note pourquoi l'enfant est absent. Et, s'il est absent parce qu'il ne voulait pas s'en aller, parce qu'il attendait le cantonnier, il repart avec lui à l'école, avec la réponse : ou bien la maman était malade, ou lui-même.

Quand le cantonnier revient avec la réponse que l'enfant est malade, la maîtresse dit : « Votre petit camarade un tel est malade, qui va en prendre des nouvelles demain ou après-demain ? » Il y a un enfant qui est chargé de passer prendre des nouvelles et de lui dire ou faire dire ce qu'on fait en classe. Chaque enfant avait un petit objet qu'on avait commencé en classe : « Tu le lui apporteras, tu lui diras qu'on a eu ça, et qu'on a fait ci. »

Le lien est alors conservé avec l'absent, mais ça, ce sont les merveilleux Suisses. En France, c'est vrai : un absent, tant mieux, cela en fait un de moins !

« Vous avez dit plusieurs fois que l'enfant choisit de vivre et de naître dans sa famille. »

F. D. – C'est un raccourci bien sûr. Il peut mourir.

Le fait qu'il survit, c'est que tous les jours il reconduit son contrat avec son corps, ce sujet. C'est ça, vivre, c'est reconduire tous les jours son désir de survivre. C'est qu'il y a de quoi vivre. S'il n'y a pas de quoi vivre, alors c'est très facile au début de la vie : les enfants avalent leur langue, étouffent et meurent, s'il n'y a pas de quoi vivre. Et, s'il y a de quoi vivre, ils continuent, et puis ils se débrouillent toujours pour trouver de quoi vivre.

C'est cela qui est extraordinaire, c'est que, dans les pires situations, il y a des enfants qui assument les situations qui sont les leurs. Je pense par exemple aux enfants de parents bourreaux d'enfants, qui les cassent régulièrement. Ces enfants adorent leurs parents. Ils en ont parfois peur mais ils voudraient retourner avec eux. « Mais, si tu y retournes, ils vont de nouveau te casser.

– Ah oui, mais tout de même tant pis ! »

Et quand on les reçoit avec leurs parents, certains sont absolument « des ravis » en regardant la mère qui est en train de dire : « Il faut que le juge me la rende, je ne peux pas m'en passer. » Elle a avec elle un autre enfant. On lui dit : « Mais, et toi, qu'est-ce que tu penses du retour de ta sœur ?

– Oh, moi, c'était pareil quand j'étais petit,

maintenant vous comprenez, je passe par-dessus le balcon et puis je m'en vais, j'ai un « A.M.O.[1] »; alors, je vais chez mon A.M.O. quand elle commence à me battre. Je vais chez mon A.M.O., moi je suis grand. J'ai sept ans. Mais c'était pareil avant quand j'étais petit. Mais c'est ma mère!

– Alors, qu'est-ce que tu penses si on rend ta sœur à ta mère?

– Oh, eh bien, ça va recommencer!

– Ça va recommencer quoi?

– Eh bien, elle la battra, elle ne peut plus s'arrêter, alors ça casse, il faut aller à l'hôpital...! »

Voilà. Cet enfant-là, très très intelligent, était venu, la tête avec les cheveux peints en deux couleurs, et puis les ongles noirs, rouges.

« Qu'est-ce que c'est? Tu es une vraie caricature?

– C'est ma mère, qu'est-ce que vous voulez!

– Ta mère?

– Oui, elle veut essayer ses rouges à ongle sur moi, et elle veut essayer ses teintures de cheveux sur moi. Qu'est-ce que vous voulez, les femmes! Au moins, quand elle fait ça, elle est contente, elle me bat pas, la pauvre! »

Un enfant merveilleux, sept ans, fils d'un maghrébin, et d'une plantureuse femme blonde comme on ne peut pas être blonde.

Vous avez vu à quel point les gens de couleur aiment à avoir des femmes blondes. Et en plus, elle était décolorée. Alors, elle avait essayé sa décoloration sur des mèches chez le fils. En plus, il y avait

1. Un éducateur en milieu ouvert.

un côté presque rouge, un autre noir, et une mèche un peu décolorée.

Je lui ai dit : « Et tes camarades, qu'est-ce qu'ils disent?

– Mes camarades, ils savent ce que c'est que les mères! »

Il s'agissait d'une enfant de deux ans et demi. La mère était venue me voir parce qu'on avait demandé au service de neuropsychiatrie de l'hôpital de voir ce cas. La mère venait supplier tous les jours la surveillante qu'on lui rende son enfant, et le juge interdisait qu'on la lui rende parce que c'était la troisième fois que l'enfant était admise à l'hôpital avec des fractures de membres. La mère pleurait dans mon giron, apitoyait tout le monde : « Je l'aime tellement, cette petite, regardez ce que je lui ai fait. »

Et elle montrait en effet des trésors de robes. Elle habillait toutes les poupées de sa fillette et il y avait le même modèle pour la fillette.

Alors, confrontation de la petite avec la mère. La petite ravie; elle aurait regardé l'apparition de la Vierge, cela n'aurait pas été mieux.

Je lui demandai :

« Comment cela se passe si elle rentre chez vous? » Elle ne m'écoutait pas.

Elle parlait à son enfant, au lieu de me parler. Voici :

– Tu sais, je t'ai préparé une petite robe. Tu verras comme elle est mignonne, avec des petits nœuds par-ci, des petits nœuds par-là. (L'enfant était là irradiée d'amour béat.) Et puis, j'ai habillé ta poupée pareil. Alors quand tu reviendras, tu auras ta petite robe, et puis la poupée sera pareille. La maman et la fille seront pareilles. »

Vous voyez le niveau infantile de cette femme adulte, une superbe créature du point de vue vétérinaire, mais complètement incapable d'élever une enfant, très bonne couturière et paraît-il aussi très bonne cuisinière.

Alors, je lui fais un peu continuer son mimodrame. Racontez.

« Si on vous la rend, comment cela va être ? Mettons que ce soit quatre heures de l'après-midi.

– Tu auras ton petit goûter, tu auras ton petit yaourt, tu auras... etc. Et puis, il faudra dîner. Et puis, papa, il va rentrer.

– Mais papa, c'est qui ?

– Oh, c'est pas son père parce que vous savez, avec les Maghrébins, ça change. Mais ils sont tous très gentils.

– Bon.

– Ils se connaissent tous. (Bon, on passe de l'un à l'autre.)

– Alors, tu entends, dis-je à la petite fille, ta maman dit que celui qu'on dit être ton papa, ce n'est pas celui dont le nom est sur le dossier. Alors, qui est-ce ? Comment s'appelle-t-il ? », en me tournant vers la mère.

La maman donne le vrai nom. La petite répète le nom, très intéressée par le vrai nom de son géniteur.

« Et votre fils ?

– Ah, c'était un autre, mais ils se connaissaient. Ils étaient du même village.

– Ah bon, très bien. »

Puis, elle reprend : « Alors il faudra se coucher, puis mademoiselle va commencer ses petits caprices. Alors, il faut bien que j'y arrive, n'est-ce pas, docteur, c'est la mère qui doit avoir raison ? Il faut avoir de l'autorité, alors il lui faudra sa petite fessée. » Et la voilà qui se met à mimer un panpan sur enfant sur ses genoux, de plus en plus fort... puis à dire : « Il faut me la retirer, il faut me la retirer, je vais la tuer. »

Je lui ai dit : « Vous voyez, vous n'êtes pas encore mûre pour reprendre cette enfant. Il faut attendre qu'elle puisse faire comme votre fils de passer par le balcon. » Ce que j'ai expliqué à la fillette aussi intelligente que son frère et on ne l'a pas rendue à sa mère.

Comme m'a dit le fils : « Heureusement qu'on est au rez-de-chaussée ! » Il se sauvait chez son A.M.O. Il aimait beaucoup sa mère, et la fillette était fascinée par elle.

A partir du moment où l'enfant peut se défendre, c'est très bien. Ce ne sont pas des femmes qui ont démérité. Elles sont incapables d'élever leurs enfants. Ce sont des femmes d'ailleurs généralement de l'Assistance Publique elles-mêmes, qui ont besoin de beaucoup de tendresse, beaucoup d'imaginaire de vie maternelle, qui pratiquement n'ont aucune maîtrise d'elles-mêmes.

C'est triste de voir que souvent on leur impose une longue séparation des enfants ou même des déchéances parentales, alors que, si on attend quelques années... Ces enfants, on peut les aider à faire face à cette réalité en ne dépréciant pas pour ça les parents qu'ils ont choisis pour naître et survivre... (Je reviens à la question de la conception désirée par celui qui naît.)

Mais c'est tout de même étonnant de voir à quel point les enfants, qui ont des parents violents au-delà du permis, sont érotiquement amoureux de leurs parents. Ce sont des gens qui leur donnent des sensations fortes et, à cause de ça, ils sont très attachés à eux.

C'est très difficile, ce problème; c'est pour cela que je parle beaucoup autour de moi. Les personnes latérales peuvent faire beaucoup, les voisins, les voisines.

« Ecoutez, cela ne va plus. L'entraide dans l'éducation, cela manque. Donnez-la-moi pour ce soir, votre fille, ça vous reposera, ou pour une semaine. »

Chez moi, elle sera moins énervée; vous-même aurez moins de souci et cela ira mieux. Je ne sais pas, moi. On peut peut-être vous aider toutes les deux...

Ce n'est ni bien, ni mal, c'est triste. Il faut aider les gens qui sont immatures, et qui pourtant sont très capables de mettre des enfants au monde, et après tout ces enfants aussi de survivre, parce que ce sont des enfants marqués, si on les retire, par l'opprobre, alors qu'il n'y a pas lieu à approbre. La plupart du temps c'est inconscient, c'est immature, mais pas pervers. Si cela provient de parents sexuellement pervers cela aussi doit se dire et non se taire. Quant aux parents alcooliques, leur intoxication est secondaire à un état dépressif. Ils ont besoin d'aide mais non de mépris, et les enfants peuvent être secourus à temps.

« *Divorcée, j'ai élevé seule mes filles, leur père n'ayant pas manifesté d'intérêt particulier pour elles. Elles ont dix-sept et vingt-six ans. Puis-je dire le fond de ma pensée sans détruire l'image du père ?* »

F. D. – C'est fini. Le fond de votre pensée, je ne sais pas ce que c'est. Vous pouvez peut-être aller parler avec quelqu'un.

En effet, cela n'a pas duré longtemps entre vous, mais cela ne veut pas dire que cet homme ait démérité. Il n'a pas su rester responsable de ses filles, cela ne veut pas dire que, si elles le recherchent, cela ne se passe pas très bien avec lui. Je n'en sais rien. Je ne peux pas répondre comme ça à une chose pareille. Vous pourriez aller parler avec une psychanalyste.

« *Beaucoup de parents abandonnent leurs enfants adolescents, pensant qu'ils peuvent se débrouiller dans la vie, même s'ils n'ont aucune indépendance matérielle. J'ai l'attitude tout à fait inverse (c'est peut-être les deux extrêmes, elles ne sont pas meilleures l'une que l'autre) mais je me demande si je ne suis pas trop possessive, si je ne veux pas qu'ils dépendent encore de moi.* »

F. D. – Cela se prépare, une adolescence, cela se prépare par une autonomie quotidiennement croissante. Ce n'est pas tout d'un coup à l'adolescent ou adolescente qu'on peut dire : « Maintenant, débrouille-toi. » C'est un moment où l'enfant a beaucoup besoin de connaître comment le parent du même sexe s'est débrouillé avec l'apparition de sa sexualité intensive, des émois violents qu'ils ont dû connaître, ce père et cette mère, comment à son âge se sont-ils débrouillés? Comment réagir aux autres? à ceux de l'autre sexe? Comment faire pour l'argent? Comment en gagner, par les petits métiers? De l'argent pour s'autonomiser, etc. Donc, ce n'est pas du tout le moment d'abandonner comme ça tout d'un coup, après avoir traité jusqu'à quatorze ans une fille ou un garçon comme un enfant de six ou sept ans, c'est-à-dire sous la dépendance parentale.

Le travail important à partir de six, sept ans, c'est d'armer un enfant pour qu'il puisse se faire des amis de son âge et se faire apprécier par les autre couples dans la société.

Par exemple, une fille, dès huit, neuf ans peut apprendre à tout faire dans une maison. A douze, treize ans, ce n'est pas bon pour elle de le faire seulement dans sa propre famille, mais c'est merveilleux qu'elle aille aider une mère qui a besoin d'être aidée, et elle le fera avec joie, elle se fera apprécier. Elle fera apprécier sa mère à travers elle. Et la même chose, un fils; si le père a pu armer son fils, qu'il sache laver les carreaux, bricoler, briquer le sol, faire les courses, etc., il ira rendre service à une autre personne que sa mère, qui aura des compliments sur son fils, et il apprendra ainsi à se faire apprécier en société.

C'est après, à quatorze, quinze ans, que, devenant pubère, c'est-à-dire intéressé par la sexualité, ému par le passage dans le rayon de son attention sensorielle pour d'autres êtres, il aura à ce moment-là l'envie de devenir responsable et l'envie de quitter ses parents pour, comme ils disent, « sortir ».

Le mot clé de l'adolescence, c'est « sortir ». Sortir de ce nid qu'on m'a fait, mais sortir armé pour la vie et sachant les dangers qu'il y a à sortir avant qu'on ne sache s'assumer.

Donc, l'adolescence, c'est un moment de confirmation qu'on peut assumer, mais il faut que cela ait été préparé, et les deux extrêmes : soit de mettre à la porte en disant « maintenant, débrouille-toi », ou bien de continuer à traiter l'enfant sans budget personnel, et en lui donnant comme ça les sous au jour le jour et en choisissant ses vêtements, en lavant son linge sale, en briquant ses chaussures, c'est vraiment en faire des « Chéri » de Colette, mais pas en faire des garçons ou des filles, simplement des femmes qui auront besoin de se marier pour être prostituées légales ou non parce qu'elles ne savent pas gagner leur vie, ni aimer.

Il faut justement penser que ce qui est important, c'est l'éducation entre six et treize ans, c'est préparer l'enfant à avoir des armes pour se faire apprécier par d'autres que sa famille, mais très rapidement savoir qu'au moment de la puberté, c'est dangereux pour les enfants, sauf exception : la mère est malade, etc., c'est dangereux qu'ils se sentent indispensables à leur mère.

Il faut que leur mère leur dise : « Ecoute, c'est moi la mère, ici; c'est moi la femme; tu m'as rendu service, tu sais le faire, mais je n'ai plus besoin de toi, va chez les autres faire apprécier tes talents. » C'est le renvoyer montrer ses talents ailleurs.

Il voudrait garder sa mère sous sa coupe : « Mais je vais te le faire maman.

– Mais non, va avec les enfants de ton âge, va avec les autres familles. »

A treize ans, c'est ça.

A treize ans, en fait, si l'enfant des deux sexes est armé pour la société, c'est un moment un peu difficile pour les mères, ou les pères, où la maison est un peu un hôtel meublé. Il faut savoir que c'est cela. C'est un moment à passer. « La maison est un hôtel meublé : ils viennent pour manger, et après cela ils ne pensent qu'à sortir. » Mais, réjouissez-vous parce qu'ils se font des amis, et qu'ils amènent des amis à la maison d'une façon très facile. Ça, c'est très important.

« Il n'y a plus à manger ? Que tes amis apportent pain-saucisson, vous vous débrouillerez. »

L'enfant devient sociable à ce moment-là s'il sait qu'à la maison ses amis sont accueillis, qu'il est accueilli chez les autres, et que ses parents n'en prennent pas ombrage : « Ah, tu aimes mieux ces gens-là qui vivent autrement que nous. »

Bon, on le dit, et après on dit : « Tu vois, je suis bête, je suis jalouse. » C'est très bien quand la mère peut dire ça : « Tu vois, je suis jalouse des amis que tu te fais à l'extérieur; n'en tiens pas compte. » Elle dit ça en se vantant, et cela aide beaucoup.

C'est ça, l'adolescence. C'est difficile à vivre, mais ce n'est pas de les retenir ou de les mettre à la porte, ni l'un, ni l'autre.

Je n'ai peut-être pas répondu à toutes les questions. Je l'ai fait le mieux possible.

Le Livre de Poche Biblio/essais

Extrait du catalogue

La psychanalyse

Catherine Clément
Vies et légendes de Jacques Lacan   4013

Jacques-Marie Lacan, le plus célèbre des psychanalystes français : sur son œuvre flotte toujours un délicieux parfum de scandale. Catherine Clément s'est résolument placée hors polémique. Et c'est un Lacan nouveau qui surgit, théoricien du langage, de l'amour, de l'enfance, de la folie.

Lydia Flem
Freud et ses patients   4060

Nouvelle édition revue et corrigée

Freud dans son temps. Son itinéraire, ses tâtonnements, ses errances, ses découvertes. Ses premiers patients, ses premières hypothèses et, peu à peu, la constitution du corps de doctrine psychanalytique.

Roland Jaccard (sous la direction de)
Histoire de la psychanalyse, t. 1 et 2   4025 et 4026

Tome 1. Des exposés concis et informés pour présenter la genèse et les principaux éléments de la psychanalyse. Le système des rêves, l'étiologie des névroses, les flux du refoulement, la dimension sexuelle de l'être : toute l'ossature de l'édifice psychanalytique est dénudée.

Tome 2. Destin de la psychanalyse dans le monde. Le second volume de cette *Histoire* cerne le cheminement des idées freudiennes à travers la planète. La France, l'Allemagne, le Japon, l'U.R.S.S., l'Argentine, etc... une dizaine de pays sous le projecteur.

IMPRIMÉ EN FRANCE PAR BRODARD ET TAUPIN
Usine de La Flèche (Sarthe).
LIBRAIRIE GÉNÉRALE FRANÇAISE - 6, rue Pierre-Sarrazin - 75006 Paris.

ISBN : 2 - 253 - 04939 - 5   ✛ 30/6613/1